Elena Beis ist beruflich wie persönlich auf einer Dauerreise. Sie ist in Köln geboren und hat an der LMU München Theaterwissenschaften, Germanistik und Psychologie studiert. Nach ein paar kürzeren Auslandsaufenthalten in den USA, Mexiko und Südostasien hat sie vor sieben Jahren die Zelte in Südafrika aufgeschlagen. Wann immer sie kann, geht sie in Afrika auf Entdeckungsreise.
Elena Beis hat zunächst an Theatern in Deutschland und Österreich als Regieassistentin gejobbt und ist 2005 in den journalistisch/redaktionellen Bereich gewechselt. Seitdem schreibt sie freiberuflich für deutsche und südafrikanische Print- und Onlinemedien.

1. Auflage
© Conbook Medien GmbH, Meerbusch, 2012
Alle Rechte vorbehalten.

www.conbook-verlag.de
www.1-5-1.de

Projektleitung und Lektorat: Birgit Schmidt-Hurtienne
Einbandgestaltung: LNT Design, Köln, unter Verwendung
von Fotografien © Simone Bazley
Satz: David Janik
Druck und Verarbeitung: Printer Trento Srl., Italy

Alle Fotografien © Elena Beis, wenn nicht anderweitig gekennzeichnet.

Printed in Italy

ISBN 978-3-943176-18-6

SÜDAFRIKA

151

Portrait einer sich wandelnden Nation in 151 Momentaufnahmen

Momentaufnahmen

Für Brad

Der Traum
Die Geschichte von der Libelle*

Ein Mädchen läuft mit ausgestreckten Armen und träumt, dass es fliegen kann. Es schaut in den Himmel – sicher, dass ein Traum, den es so klar vor Augen hat, eines Tages in Erfüllung gehen wird.

Siehe da! Eine Libelle. Sie schwebt in der Luft, flattert weit in die Höhe, gleitet schwerelos. Das kleine Mädchen bleibt stehen und beobachtet fasziniert jede ihrer Bewegungen. Seine Fingerspitzen kribbeln, als es sich vorstellt, dasselbe tun zu können ...

Aber Moment! Die Libelle schwingt zu ihm hinunter und schwebt nun direkt vor ihm. Kann es sein, dass sie es bittet mitzufliegen? Kann das Mädchen Flügel haben wie sie? Oh, es muss eine Möglichkeit geben!

Das Mädchen springt in die Luft und versucht die Libelle einzufangen, sie an sich zu reißen. Mit einem leichten Flügelschlag fliegt die Libelle weit hoch und weg aus seiner Reichweite. Sie ist frei, ein Wesen des Himmels, und kann nicht eingefangen werden.

Verzweifelt guckt das kleine Mädchen als die Libelle in die Höhen des Himmels verschwindet und es weit unten zurücklässt, unfähig zu folgen. »»»»

Untröstlich realisiert das Mädchen seinen Verlust. Sein Traum war so kurz davor in Erfüllung zu gehen, jetzt aber ist alles verloren.

Aber Moment! Kann das sein? Aus dem Himmel nähert sich wieder eine Gestalt mit Flügeln. Die Libelle fliegt so tief, es sieht so aus, als ob sie gleich neben dem Mädchen landet ...

Die Libelle schwebt direkt vor dem Mädchen und lädt es ein: Komm, flieg mit mir! Komm, träum mit mir! Ich zeige dir wie es ist, ich zu sein! Sofort weiß das kleine Mädchen, was es tun muss. Es streckt seine Arme aus ...

Und schau! Das Mädchen hat keine Arme mehr – stattdessen hat es vier Libellenflügel. Zwei, wo seine Arme waren, und zwei wachsen aus seiner Hüfte heraus.

Das ist der Augenblick in dem sich zwei Reisen vereinen.

*   *The Girl and the Dragonfly* ist eine Geschichte und Skulpturenreihe von **Marieke Prinsloo-Rowe**. Die elf Skulpturen erzählen den Weg Südafrikas zu einem freien Land. Das kleine Mädchen symbolisiert die Nation Südafrika, die Libelle den Traum von Freiheit, Gleichheit und Demokratie. Die Skulpturen standen ein Jahr lang an der *Sea Point Promenade* in Kapstadt.

Widersprüchlichkeit
Kap des Untergangs, Kap der Hoffnung

Während eines heftigen Sturmes umsegelt der Portugiese Bartolomeu Diaz im Jahr 1488 eine unbekannte Gesteinszunge mit heimtückischen Klippen. Er muss höllisch aufpassen, nicht auf Felsen zu fahren.

Der arktische Benguela- und der tropische Angulhas-Strom, der Atlantische Ozean und der Indische Ozean stoßen hier aufeinander – er muss folglich die Südspitze Afrikas erreicht haben! Bartolomeu Diaz tauft den Ort: »Kap der Stürme«.

Allerdings klingt der Name »Kap der Stürme« seinem König, dem Portugiesen Johann II, nicht glückverheißend genug – schließlich gibt es nun Grund zur Hoffnung, mit der Südspitze von Afrika endlich auch den Seeweg nach Indien gefunden zu haben. Der König gibt dem Ort einen zweiten, Erfolg versprechenderen Namen: »Kap der Guten Hoffnung«.

Noch viele weitere Namen werden Kapstadt danach verliehen. Die passendsten bleiben jedoch die beiden ursprünglichen, die Kapstadt zugleich als einen Ort der Gefahr und des Sturmes und einen Ort der »Guten Hoffnung« umschreiben. Denn diese Namen spiegeln die allgegenwärtige Widersprüchlichkeit der Stadt: das verlockende Meer, das einen beim Eintauchen gefriert. Die wunderbaren Sommerabende, die sich in einen verwunschenen Tumult verwandeln, sobald der orkanartige Kapstädter *South-Easter*-Wind bläst. Der allwissende Tafelberg, der den Innenstadtbewohnern das Gefühl gibt, er lege seine starke, warme, schützende Hand über sie. Von den Elendsvierteln östlich der Stadt betrachtet, wirkt er dagegen ungerührt, kalt und teilnahmslos. Angesichts der Brutalität und des Leids hier hat seine ehrfurchtgebietende Schönheit etwas geradezu Vernichtendes.

Mama
Südafrika, ein Mamatriarchat

Grace ist füllig, sanftmütig und unermüdlich – eine richtige südafrikanische *Mama*. Wenn der Nachbar sie neckt oder ihr ein kleines Kompliment macht – und Grace liebt kleine Komplimente! – mahnt sie »*A, a, a!*« und lacht.

Um halb sechs steht Grace jeden Morgen auf. Dann kocht sie dem kleinen Sipho, ihrem scheuen, achtjährigen Enkel, ein Frühstück aus süßem Maisbrei und belegt sein Schulbrot mit einer halben Scheibe Fleischwurst. Zu Fuß bringt Grace Sipho zur Schule ihres Townships (siehe Seite 72) und steigt dann in ein Minibustaxi, um in das Haus einer reichen Familie in Nobelvorort Sandton zur Arbeit zu fahren.

Fünf Tage die Woche erledigt sie dort den Haushalt: Sie wäscht, putzt, schrubbt, entstaubt, kocht, bügelt und gibt dem sechs Monate alten Baby der Hausherrin, das sie gewickelt an ihrem wuchtigen Körper hält, die Flasche. Grace hat schon viele Kinder großgezogen: ihre eigene Tochter, Siphos Mutter, und drei Söhne. Auch ihre Arbeitgeberin, die Mutter des Kindes, das sie jetzt tagsüber hütet, hat Grace großgezogen. Seit 27 Jahren arbeitet sie schon für diese Familie.

Wenn Grace nach Hause kommt, wartet der kleine Sipho schon auf sie. Grace kocht ihm ein warmes Essen und erzählt eine Geschichte seiner Vorfahren. Sipho hasst das Einschlafen, denn er vermisst seine Mutter. Seine Mutter lebt aber nicht mehr, weil die Pest mit den vier Buchstaben sie weggenommen hat. Nicht nur um ihren Enkel Sipho, sondern auch um ihre zwei arbeitslosen Söhne kümmert sich Grace – von 250 Euro Einkommen im Monat. Der eine Sohn hat drei Kinder von drei unterschiedlichen Frauen. Am Wochenende putzt Grace mit anderen Mamas das Gemeindehaus, ein heruntergekommenes Gebäude mitten im Township. Sonntag hat sie kurz Zeit für sich – dann geht sie in die Kirche, denn sie vertraut fest auf Gott.

Wie die anderen Mamas sorgt Grace dafür, dass das Leben inmitten von Armut und Aussichtslosigkeit warm und weich bleibt.

Minibustaxi
Öffentliches Verkehrsabenteuer

Müde stehe ich am Straßenrand und strecke meine Hand aus. Keine Minute später quietscht es. Neben mir hält ein Minibustaxi an.

Die Tür fliegt auf, und Techno-Musik schreckt mich aus meinem Halbschlaf. Nicht House oder *Kwaito* oder meinetwegen auch Gospel, nein: richtig fieser harter Techno. Um sieben Uhr morgens.

Der Bus ist voll. Fünfzehneinhalb von den sechzehn Sitzplätzen sind belegt. Delegiert werde ich in die hinterste Reihe, dorthin, wo niemand sitzen will, neben eine Mama, die Platz für zwei besetzt. Um mich durchzulassen müssen die außen sitzenden Fahrgäste der vorderen drei Sitzreihen aufstehen und ihre Sitze hochklappen. Noch während ich mich durchschlängele, geht ein Ruck durch den Wagen. Der Taxifahrer hat es eilig. Ich falle einem Mann auf den Schoß und nur durch Zufall fliegt niemand der drei stehenden, herumwackelnden Gäste aus dem Wagen heraus – die große Schiebetür ist nämlich noch gar nicht zugeschoben.

Endlich habe ich den mir zugewiesenen Platz erreicht. Aus einer Tüte auf dem Schoß der Riesenmama entweichen Essensgerüche. Mir wird leicht übel. Der Taxifahrer will jetzt von allen Gästen fünf Rand Taxigeld. Ich habe meine Münze parat. Dagegen hält die Mama ihr Fahrtgeld wohl im BH versteckt, jedenfalls greift sie sich in ihr üppiges Dekolleté. Anstandshalber schaue ich weg. Schließlich sagt sie »*Here!*« und drückt mir die warme Münze in die Hand. Die Anweisung: Ich soll sie nach vorne zum Fahrer reichen.

Kurz darauf will die Mama auch aussteigen. Um sie durchzulassen, quetsche ich mich ans Ende der Sitzbank und habe ihr Hinterteil im Gesicht, bis sie sich endlich um die Ecke herausmanövriert hat. Dennoch freue ich mich, weil nun beide Arschbacken auf der Bank Platz haben.

Gerade habe ich es mir gemütlich gemacht, als das Minibustaxi plötzlich von 100 auf 0 km/h abbremst und der Fahrer uns alle hinaus bittet. Der nächste Wagen nimmt uns mit, sagt er.

Gestrandet sehen wir ihn eine Kehrtwende machen: Gegenüber steht eine riesige Gruppe, die in die entgegengesetzte Richtung fahren will.

Miracle Doctor
Der Spezialist für alles

Ohne seine *Miracle Doctors* (»Wunderdoktoren«) wäre Südafrika ein wahrlich hoffnungsloses Pflaster. Mit der Hilfe von afrikanischen Kräutern, jamaikanischen Wunderbädern und der Hand der Ahnen können sie innerhalb von 24 Stunden jedes noch so komplexe Problem lösen.

Ein kleiner Spaziergang durch die Innenstadt reicht, um einen erfahrenen »Experten für afrikanische Wunderkräuter« und *Bad Luck Specialist* (»Pechsträhnenspezialisten«) wie Dr. Hassan zu finden, denn er lässt, wie seine Kollegen auch, an diversen Straßenecken seinen vielversprechenden Flyer verteilen:

Afrikanische Gesundheitslösungen von Dr. Hassan

Wir haben eine modernisierte Kräuterrezeptur, die gegen alle körperlichen Probleme hilft und alle deine Probleme im Alltag löst. Sofortige Veränderung für folgende Probleme innerhalb von 24 Stunden:

1. Wir retten deine Ehe.
2. Weine nicht um deinen verlorenen Liebhaber, wir rufen ihn zurück.
3. Besiege dein TIK-, Alkohol- oder anderweitiges Drogenproblem.
4. HIV/AIDS? Wir eliminieren es.
5. Finanzielle Probleme? Die Wundermedizin wird dein Geschäft ankurbeln, du bekommst einen Job, wirst befördert, bekommst eine Gehaltserhöhung, wirst hohe Schulden los.
6. Wenn du einen *Tokoloshe* zu Hause hast, verhext bist oder Pech hast, wird dich die Wundermedizin nicht enttäuschen.
7. Sexuelle Probleme. Penis-Vergrößerung. Wir machen ihn lang, breit, groß, stark oder in jeder anderen Größe.
8. Wir heilen Frauen, die unfruchtbar sind und nicht nett zu ihren Partnern sind.
9. Wir reduzieren die Größe von Vaginas und großen Mägen dauerhaft.
10. Ungewollte Schwangerschaft kann auch erledigt werden. In einer Stunde und ohne Schmerz.
11. Bist du enttäuscht? Komm zu mir.

TIK: siehe Seite 74
AIDS: siehe Seite 190
Tokoloshe: Seite 130

Gebühr: R 50 (5 Euro). 100 % Rückerstattung bei Misserfolg.

Wow. Wo sonst auf der Welt werden bitte so große Probleme
so schnell und so billig gelöst?

7 eGoli
Stadt aus Gold

**Unverhofft stolpert der Austra-
lier George Harrison an einem
Sonntag im März 1886 über den
Ausläufer eines Riffs des Wit-
watersrand, des 200 Kilometer
langen Bergzugs im Nordosten
Südafrikas. Dort entdeckt er ein
Klümpchen Gold.**

Die Neuigkeiten verbreiten sich
wie ein Lauffeuer, die Goldgräber
eilen herbei und binnen weniger
Monate verwandelt sich die weite,
unberührte Savanne in eine riesige
Zeltstadt. Der Ort erhält auf *isi-
Zulu* den Namen *eGoli* (»Stadt des
Goldes«), auf Englisch Johannesburg, und schwillt innerhalb von
zehn Jahren zur größten Stadt des
südlichen Afrikas an.

Das Gold macht aus Johan-
nesburg, einer Wüstenlandschaft
ohne Gewässer, Afrikas wichtigste
Wirtschafts- und Finanzmetropole.
Sogar die südafrikanische Währung
(»Rand«) wird nach dem schicksal-
haften Ort der ersten Goldfunde,
dem Witwatersrand, benannt.

Bis heute prägt das Gold die
Stimmung der Stadt. Rund 20 Prozent des Bruttoinlandsproduktes von
ganz Afrika werden hier erwirtschaf-
tet. Früher strömten Menschen wegen des Goldes nach Johannesburg,
heute kommen sie nach *eGoli*, in die
Stadt des Goldes, um Geld zu ver-
dienen, Karriere zu machen und ihr
Glück zu versuchen – wie einst die
Goldgräber.

© Simone Bazley

Ampel-Business
Lektion in Verkaufskunst

Oh no! Schon wieder rot. Genervt bremst die junge Autofahrerin ab.

Der Straßenverkäufer bringt sich dagegen freudig in Stellung. Genau diese nett aussehende Autofahrerin wird sicherlich seine kunstvoll handgeschmiedete Kuh aus Draht kaufen! Er stellt sich vor ihr Auto und bezirzt sie mit einem charmanten Spruch, denn er ist Vollprofi:

»Wie geht es heute, Charlize?«

Die pummelige Autofahrerin, die in Wirklichkeit so gar nicht aussieht wie Charlize Theron, sich aber insgeheim doch recht geschmeichelt fühlt, sagt freundlicherweise »Hi« und schaut gleich weg. Sie kennt das Spiel, das jetzt folgt, von den letzten drei Ampeln.

Der gewiefte Verkäufer kennt das Spiel aber noch viel besser! Er winkt, penetrant und auffällig und klatscht die Kuh aus Draht an das Fahrerfenster.

Ausweichend schaut die Fahrerin nach vorne.

Kein Problem für den geübten Ampelverkäufer! Er bewegt die Kuh einfach horizontal vor die Windschutzscheibe.

Endlich reagiert die Autofahrerin: vehementes Kopfschütteln.

Kein Grund zur Entmutigung! Denn das Kopfschütteln ist nur der Startschuss für die nächste Verkaufsphase. Hartnäckig harrt der Ampelverkäufer neben dem Auto aus und versucht die Kundin in ein Verkaufsgespräch zu verwickeln:

»Don't you want to help your brother?«

Die Autofahrerin tut aber so, als höre und sehe sie den Verkäufer, der weiterhin ihre Sicht versperrt, auf einmal nicht mehr. Sie signalisiert: das Thema ist abgehakt.

Für den Verkäufer allerdings noch lange nicht. Er weicht nicht von ihrer Stelle, ehe sie weitere drei Mal *sehr* bestimmt und *sehr* ausdrücklich »Nein danke, *Brother!*« gesagt hat.

Wittert der Straßenverkäufer dabei auch nur einen Anflug von schlechtem Gewissen oder Neugier, nennt er den vollen und dann gleich den Schnäppchenpreis für die Kuh aus Draht hinterher. Und das Spiel geht weiter bis die Kundin kauft, die Ampel auf grün schaltet oder der horrend lange Stau, in dem die Fahrerin unter Umständen feststeckt, sich aufgelöst hat.

Nelson Mandela
Der Unruhestifter

Umgeben von sanften, grünen Hügeln kommt Mandela in der Transkei zur Welt, dem Stammesgebiet der *Xhosa*. Sein erster Vorname ist Rolihlahla, »der Unruhestifter« auf *isiXhosa* (siehe Seite 46).

Der Königssohn: Mandelas Familie gehört den *Thembu* an, einem *Xhosa*-Königsclan. Die Mitglieder des Clans heißen auch *Madiba*, nach ihrem alten Häuptling. In der *Xhosa*-Kultur werden die Ahnen hoch verehrt, die Namensgebung nach einem Ahnen drückt tiefen Respekt und Zuneigung aus. Nelson Mandela wird in seinem späteren Leben von Südafrikanern liebevoll *Madiba* genannt.

Der Hirte: Im Vorschulalter hütet Mandela die Schafe und Kühe seiner Familie – und lernt dabei seine wichtigsten Lektionen über das Führen: »Ein guter Hirte und Führer bleibt hinter der Herde. Er lässt die Flinksten vorausgehen, woraufhin die anderen folgen, ohne zu erkennen, dass sie die ganze Zeit von hinten gelenkt werden.«

Der Freiheitskämpfer: Als Jurastudent engagiert er sich gegen das weiße Minderheitsregime, das der schwarzen Mehrheit des Landes ebenbürtige politische, soziale und wirtschaftliche Rechte verweigert. Er tritt der Befreiungsbewegung *ANC (African National Congress)* bei und kämpft zunächst mit friedlichen Mitteln gegen die Apartheid. Als die Regierung auf unbewaffnete schwarze Studenten schießen lässt, schließt er sich dem bewaffneten Flügel des ANC an.

Der Häftling: Wegen »Sabotage« und »Planung bewaffneten Kampfes« wird Mandela der Prozess gemacht. Er wird und 1964 zu lebenslanger Haft verurteilt. Über 27 Jahre bleibt er inhaftiert. Während seiner Haft freundet er sich mit seinen weißen Wärtern an, denn er glaubt: »Die Güte des Menschen ist eine Flamme, die zwar versteckt, aber nicht ausgelöscht werden kann. Niemand wird geboren, um einen anderen Menschen zu hassen. Menschen müssen zu hassen lernen und wenn sie lernen können zu hassen, dann kann man sie auch lehren zu lieben. Denn Liebe empfindet das menschliche Herz viel natürlicher als ihr Gegenteil.« »»»»

Tata
Vater für alle

Der Versöhner: Ab dem Tag seiner Freilassung ruft Mandela alle zur Versöhnung auf: »Wenn es Träume von einem schönen Südafrika gibt, dann gibt es auch Wege dorthin. Zwei dieser Wege heißen Güte und Vergebung.« – Damit erspart er Südafrika einen Bürgerkrieg.

Der Präsident: »In meinem Land gehen wir zuerst ins Gefängnis und werden dann Präsident.«

Im Jahr 1994 wird Mandela der erste demokratisch gewählte und auch der erste schwarze Präsident Südafrikas.

Der Anti-AIDS-Aktivist: »46664 war 18 Jahre lang meine Häftlingsnummer. Ich war nur als Nummer bekannt. Heute sind Millionen HIV-infizierte Menschen genau das: eine Nummer.«

Nelson Mandela ruft die nach seiner ehemaligen Häftlingsnummer benannte Kampagne 46664 ins Leben, um Menschen im Kampf gegen AIDS zu helfen.

***Tata*, der Vater der Nation:** Südafrikaner empfinden Mandela als moralische Vaterfigur und Vater des neuen Südafrika. Sie nennen ihn *Tata*, »Vater« auf *isiXhosa*. Mandela lebt ein Leben getreu seinen Prinzipien:

»Worauf es im Leben ankommt, ist nicht die reine Tatsache, dass wir gelebt haben. Der Unterschied, den wir im Leben anderer gemacht haben, wird am Ende für die Bedeutung unseres Lebens entscheidend sein.«

Stand-up-Comedy
Lachen heilt

Vor dem schrägen *Pickwick*-Café in Kapstadt sitzen Touristen und essen Pizza, im Lokal trinkt eine südafrikanische Geburtstagsrunde *Brandy and Coke* (siehe Seite 179) zu ohrenbetäubend lauter House-Musik, aber das Event des Tages findet heute im ersten Stockwerk statt.

Über eine steile Treppe hinter der Bar gelangen eingeweihte Gäste zu einem kleinen, gemütlichen Raum mit Plüschsesseln und einer puppenhausartigen Bühne. Vier Komiker präsentieren hier Stand-up-Comedy, ein Moderator führt durch das durchgeknallte Programm, alles wirkt recht improvisiert. Ein farbiger Südafrikaner reißt Witze über die Johannesburger, ein schlaksiger Weißer über das langweilige Leben in den reichen *Suburbs* und Peter Sserwanga, ein beliebter Kapstädter Comedian kenianischer Abstammung, vergleicht südafrikanische mit deutschen Frauen – die beide zahlreich im Publikum vertreten sind und sich wegschmeißen vor Lachen.

Südafrikas Comedy-Szene ist noch sehr jung, wild und ungeschliffen. Gespielt wird in Nachtclubs und Spelunken, aber auch auf Festivals und großen Theaterbühnen. Auftritte der berühmtesten Komiker des Landes sind schnell ausgebucht. Dazu gehören Marc Lottering, ein afrikaanssprachiger Farbiger aus den berüchtigten *Cape Flats*, Riiad Mossa, ein verschmitzter muslimischer Inder, und Nic Rabinowitz, ein *Xhosa* sprechender Jude.

Überzeichnungen von Vorurteilen stehen hoch im Kurs, *Political Correctness* dagegen gar nicht. Nach Jahrzehnten des Schweigens, Fremdelns und der Segregation, wollen alle Schwachstellen aufgedeckt, alle Eigenheiten, Missverständnisse und Unterschiede ans Licht gezerrt, alles sich gegenseitig an den Kopf geschmissen werden, um dann gemeinsam über alles zu lachen. Das enge Zusammenleben so vieler gegensätzlicher Kulturen liefert bestes Comedy-Material und Lachen, haben die *Locals* festgestellt, ist die beste Medizin.

Zudem ist das Geschichtenerzählen ein wichtiger Teil afrikanischer Kultur. Es war also nur eine Frage der Zeit, bis Stand-up-Comedy am Kap populär wurde.

Comedian Pete Sserwanga

© Zena Kitykat Martin

© Zena Kitykat Martin

Rainbow-Nation
Let's come together

»Bei mir zu Hause, in Südafrika, habe ich früher während großer Zusammentreffen, bei denen Schwarze und Weiße zusammensaßen, gesagt: Hebt eure Hände. Schaut eure Hände an, wie die unterschiedlichen Farben unterschiedliche Menschen repräsentieren. Der Regenbogen ist ein Symbol des Friedens. Ein Symbol des Wohlstandes. Und wir möchten Frieden, Wohlstand und Gerechtigkeit. Wir können das alles haben. Wenn wir, das Regenbogenvolk Gottes, alle zusammenarbeiten.«

Desmond Tutu,
anglikanischer Erzbischof

Der Regenbogen ist die Metapher für das neue Südafrika. In Südafrikas einheimischen Kulturen, wie der *Xhosa*-Kultur, verkörpert der Regenbogen Hoffnung und eine glänzende Zukunft. Die neue südafrikanische Nationalflagge – sie wurde 1994 eingeführt – symbolisiert das Zusammenkommen der unterschiedlichen Kulturen, wie der Regenbogen. Der in der Mitte zusammenlaufende Streifen stellt die neue Einheit des Landes dar. Das Grün steht für die Hoffnung, das Schwarz für die schwarzen Völker des Landes und das Gelb für die Sonne und die Bodenschätze Südafrikas. Das Rot verkörpert das Blut, das während der Befreiungskämpfe vergossen wurde, das Blau die beiden Ozeane und den südafrikanischen Himmel und das Weiß repräsentiert die weiße Bevölkerung – und den neu gefundenen Frieden.

Narben
Ich, »Nicht-Weißer«

Aus *Zulu Boy Gone Crazy* von Fred Khumalo:* Lasst uns Abstand nehmen von dem Klischee, wir Südafrikaner seien ein entzückendes Volk, ein Geschichtswunder, Desmond Tutus Regenbogennation.

Dieses Wohlfühlgerede ist so einlullend, dass wir es uns selbst ständig vorsagen. So viel wir die Welt auch über friedliches Zusammenleben gelehrt haben, wir selbst sind als schwarze Individuen, die wir in diesem Land die Mehrheit bilden, in großem Zwiespalt – mit unserem Selbstwert, wie auch mit dem Wert unserer Nation.

Die Apartheid hat dadurch, dass sie uns »Nicht-Weiße« nannte, ein negatives Selbstbewusstsein in uns geschaffen. Nahm man das »nicht« vor dem »weiß« weg, blieb nur ein »nicht« übrig: ein Nichts. Daher die Kriminalität, daher die zerrütteten Familien, daher die Fäulnis, die unsere Führer zerfrisst – eine unbändige Geldgier und Eigensucht, die jeder Absicht spottet, gleiche Chancen auf Wohlstand für alle zu schaffen.

Viele von uns sind von diesem System, das ihnen eingebläut hat sie seien nichts wert, tief traumatisiert worden, und sie sind bis heute in diesem Alptraum von Minderwertigkeit gefangen. Sie haben noch keinen Frieden damit geschlossen, wer sie sind und noch nicht begriffen, wozu sie fähig sind.

Südafrikas derzeitige Gesellschaftsordnung basiert auf der Annahme, dass jetzt alle gleich sind und die gleichen Chancen haben. Alle sollten nun fähig sein, sich am eigenen Schopf aus dem Sumpf zu ziehen. Wie aber soll man sich aus dem Sumpf ziehen, wenn man nicht einmal das geringste Vertrauen in sich selbst besitzt?

Wir müssen trotzdem aufhören, die Schuld in die Schuhe der Weißen zu schieben. Wir müssen tiefer in uns selbst hineinschauen und Verantwortung übernehmen. Heute sind wir eine offene Gesellschaft mit allen Fallen einer aufkeimenden Demokratie. Wir sind noch lange nicht perfekt. Aber wir machen Fortschritte.

---

* Aus: Fred Khumalo, *Zulu Boy Gone Crazy*, KMM Review, Johannesburg, 2010, S. 42–44 (aus dem Englischen von Elena Beis). **Fred Khumalo** ist ein südafrikanischer Kolumnist und Buchautor.

14 Bergies
»Jou ... se poes!«

Mitten durch die Sonnenuntergangskulisse auf der Strandpromenade von *Sea Point* rattern zwischen Joggern, Liebespärchen und picknickenden Familien zwei ramponierte *Bergies* mit einem Einkaufswagen vorbei. In den Geruch von Meer und Algen mischen sich Schwaden von Aschenbecher, Achselschweiß, Hochprozentigem und Straße.

Die beiden farbigen *Bergies* kutschieren im Einkaufswagen eine kleine Plastiktüte. Alle paar Schritte stolpert der männliche *Bergie* schwerstbetrunken über den Wagen und verliert dabei seinen ausgelatschten Schuh. Seine Augen zu zwei wild blinzelnden Schlitzen zusammengekniffen, schreit er dann jedes Mal lauthals: »*Skoen se poes!*« (»Der Schuh, diese Pussi!«)

Seine weibliche Begleitung, die ihm mit ihrem geschwollenen Gesicht und der Kollektion verfaulter Zahnstummel in puncto »Charme« in nichts nachsteht, korrigiert ihn immerzu: »*Nie skoen se poes nie, daai trolley se poes!*« (»Nicht der Schuh, die Pussi. Der Wagen, diese Pussi!«).

Irgendwann bemerkt ein unmotiviert herumstehender Ordnungshüter das Paar. Er beobachtet etwas unschlüssig das Spektakel und geht dann auf die beiden zu, um ihnen in schlechtem Englisch mitzuteilen, dass sie die Strandpromenade verlassen müssen.

Was gar nicht gut ankommt.

»*Zuma se poes!*« (»Zuma, diese Pussi!«) lallt der *Bergie* den schwarzafrikanischen Ordnungshüter ein. »*Zuma se fokken poes!*«, setzt seine Frau noch eines drauf, wobei Präsident Zuma als Stellvertreter für den schwarzen Stadtangestellten herhalten muss. »»»»

---

* **Bergie:** Damit sind die Obdachlosen von Kapstadt gemeint. *Bergie* ist die Koseform von *berg* (Afrikaans: »Berg«) und meint jemanden, der auf dem Berg lebt. Dieser Begriff hat sich etabliert, weil die Obdachlosen von Kapstadt früher auf dem Tafelberg gelebt haben. Heutzutage bevölkern sie Kapstadts Straßen, aber für Südafrikaner sind sie alle *Bergies* geblieben. Sie sind sehr laut, scharfzüngig und sagen nichts lieber als »....*se poes!*«.

Politik
Politisierte Alltagsquerelen

Als der Ordnungshüter dem *Bergie* den Einkaufwagen entreißt, um ihn Richtung Hauptstraße zu schieben, zischt ihn der *Bergie* an: »*ANC se fokken poes!*«, und dabei entflutscht ihm vor lauter Aufgebrachtheit versehentlich ein Batzen Spucke.

Der Ordnungshüter wischt sich die Spucke vom Gesicht, während die *Bergie*-Frau, ein mageres, zerbrechliches Persönchen, ihm den Wagen wieder wegschnappt und ihm in ohrenbetäubender Tonlage droht: »*Ek stem nie vir ANC. Nie!*« (»Niemals werde ich den ANC wählen. Nie!«). Denn die Schuld für die Misere, dass sich arme farbige *Bergies* nicht mehr in Ruhe auf der Strandpromenade aufhalten dürfen, trägt, ganz offensichtlich, die neue südafrikanische Regierungspartei.

Schließlich erbittet der überforderte Ordnungshüter per Walkie-Talkie Verstärkung von der Polizei. Als die zwei Polizisten wenige Minuten später anrücken, muss das widerspenstige *Bergie*-Pärchen die Strandpromenade doch verlassen. Die zwei Beamten begleiten das farbige Pärchen zur nächstgelegenen Hauptstraße. Als die Polizisten sich umdrehen, um zu ihrem Auto zurückzulaufen, schleudert der wütende *Bergie*, um es allen noch einmal so richtig zu zeigen, dem weißen Beamten »*De Klerk se fokken poes!*« und dem schwarzen: »*Mandela se poes!*« und, stolz, dass er sich das gerade getraut hat, noch ein triumphierendes »*Ja, Mandela se poes!*« zur Verabschiedung hinterher.

Bang! Der weiße und der schwarze Nationalheld und ihr Versöhnungstamtam, auf das alle hier so schrecklich stolz sind, beeindrucken den farbigen *Bergie* nämlich gar nicht. Wäre ein farbiger Vertreter bei den Friedensverhandlungen 1994 dabei gewesen, hätte er für den *Bergie* sicher einen viel besseren Deal ausgehandelt.

Koexistenz
We are family

Südafrika hat eine der buntesten, spannendsten und komplexesten Bevölkerungen der Welt. Zu ihr gehören:

- die Afrikaaner (»Buren«) mit ihrer anpackenden Art, Bodenständigkeit und ihren alten, calvinistischen Traditionen
- die Anglo-Südafrikaner, ihre modernen Ideale und ihr westlicher Lifestyle
- die vielen unterschiedlichen schwarzafrikanischen Stämme mit ihrer hoffnungsfrohen Art und der Fähigkeit im Jetzt zu leben
- die geschäftstüchtige jüdische Gemeinde, die das Land mit ihren Ideen und Projekten vorantreibt
- die eingewanderten Kongolesen, Somalis und Simbabwer mit ihrem Überlebenswillen, ihrer Verletzlichkeit und unglaublicher Menschlichkeit

- die kapmalaiische Gemeinschaft mit ihrem Familiensinn und scharfsinnigen Humor
- die indischstämmigen Südafrikaner, die mit ihrem islamischen Glauben eine völlig gleichberechtigte Koexistenz, Offenheit und Toleranz zwischen allen Religionen schaffen
- und nicht zuletzt die vielschichtige »farbige« Gemeinde, die Südafrika die vielen Nuancen und Töne zwischen schwarz und weiß schenkt

Ach, ja: Und dazwischen der faszinierte Tourist, wie er – zur Erheiterung aller – versucht, sich auf das Ganze einen Reim zu machen.

17 Multikulti
Der südafrikanische Flickenteppich

79 % Schwarzafrikaner (Bantu-Völker, zwischen 200–500 v. Chr. aus dem Kongobecken eingewandert)

Nguni-Völker
23,8 % ***Zulu*** (10,7 Mio.)
17,6 % ***Xhosa*** (7,9 Mio.)
2,7 % ***Swazi*** (1,2 Mio.)
1,6 % ***Ndebele*** (711.000)

Sotho-Völker
9,4 % ***Bapedi*** oder Nord-*Sothos* (4,2 Mio.)
8,2 % ***Tswana*** oder West-*Sothos* (3,7 Mio.)
7,9 % ***Basotho*** oder Süd-*Sothos* (3,5 Mio.)

4,4 % ***Tsonga*** (2 Mio.)

2,2 % ***Vendas*** (1 Mio.)

9 % Farbige/*Coloureds* (4,5 Mio.): Südafrikaner gemischter Herkunft (*Khoisan*, südostasiatische, europäische und afrikanische Wurzeln), davon
8,6 % *Coloured*, Christen (4,3 Mio.) und
0,4 % *Cape Malay*, Muslime (200.000)

9 % Weiße (4,5 Mio.)
5,3 % **Afrikaaner** (Nachfahren der Buren, Muttersprache Afrikaans, 2,7 Mio.)
3,5 % **Anglo-Südafrikaner** (Nachfahren der Briten, Muttersprache Englisch, 1,8 Mio.)
0,5 % **Juden**
0,5 % **andere Weiße** – Portugiesen, Griechen, Deutsche

2,5 % asiatische Südafrikaner (1,3 Mio.)
2 % **Inder** (1 Mio.)
0,5 % **Chinesen** (300.000)

0,025 % südafrikanische Urvölker (*Khoisan*-Völker)
0,02 % *San*/Buschmänner (10.000)
0,005 % *Khoikhoi* »Hottentotten« (2.500)

Hinzu kommen schätzungsweise 5 Millionen **Einwanderer** (entspricht 10 % der Bevölkerung) aus anderen afrikanischen Ländern, mehrheitlich aus Simbabwe, der Demokratischen Republik Kongo, Somalia, Mosambik, Ruanda/Burundi und Malawi.

© Lino Steenkamp

San

Es war einmal

Bunte Felsbilder von Tierherden, Antilopen, Heilern und Tänzern in Trance, gezeichnet mit Ocker, Blut, Galle und Eiweiß: Das sind die einzigen Spuren, die die *San*, das Urvolk Südafrikas und älteste Volk der Welt, in ihrer Heimat hinterlassen haben.

Schätzungsweise 40.000 Jahre bevor die schwarzen *Bantu*-Völker aus Zentralafrika und die weißen Kolonialisten aus Europa in Südafrika ankamen, durchstreiften die *San* in kleinen egalitären Gruppen zusammen mit den Wildtieren das Land. Anführer gab es keine, Entscheidungen wurden gemeinschaftlich ausdiskutiert und getroffen, und wer Erfahrung und Kenntnisse mitbrachte, konnte die Gruppe überzeugen. Die Gruppen setzten sich nach persönlichen Vorlieben und Verwandtschaftsverhältnissen zusammen und teilten alles miteinander; so etwas wie individuellen Besitz kannten die *San* nicht.

Ihre schönen Felszeichnungen, die von ihrem Alltag, ihren Festen und ihren Reisen in die spirituelle Welt erzählen, sind bis heute in den *Drakensbergen* (KwaZulu-Natal) und den *Zederbergen* (Westkap-Provinz) zu sehen. Heute leben die wenigen überlebenden *San* in der Kalahari-Wüste in Namibia und Botswana. Gab es vor 300 Jahren noch etwa 400.000 *San*, so sind es heute im gesamten südlichen Afrika nur noch 100.000 – die eingewanderten *Bantu*-Völker haben die *San* zuerst in unwirtliche Gebiete abgedrängt, die Kolonialisten haben sie dann anschließend fast ausgerottet.

Nichtsdestotrotz lautet immer noch ein Glaubenssatz der *San:* »Du kommst und du gehst. Aber wenn du wiederkommst, dann wirst du bleiben.«

© dna photographers

Khoikhoi
Die wahren Menschen

Gezischte Wortstummel, geröchelte Vokale, schnell aufeinanderfolgende Klicks, etwas Schnalzen und Schmatzen dazwischen: So klingt die Sprache der *Khoikhois*, der Ureinwohner Südafrikas.

Die *Khoikhoi* bewohnten mit den *San*, von denen sie abstammen, als erste das südliche Afrika. Im Unterschied zu den *San* besaßen die *Khoikhoi* Viehherden. Sie waren die frühesten Viehhalter im südlichen Afrika. Aus Stolz über diese kulturelle Errungenschaft nannten sie sich *Khoikhoi* – »die wahren Menschen«.

Nur wenn die Ziegen, Kühe und Schafe der *Khoikhoi* frisches Weideland brauchten, zogen sie weiter. Da die *Khoikhois* individuellen Besitz kannten und Vieh auch Essen, Bekleidung und Transport bedeutete, gab es – im Gegensatz zu den *San*, die alles teilten – reichere und ärmere Gemeindemitglieder.

Als die *Bantu*-Völker in Südafrika eindrangen, zerstörten und vereinnahmten sie die vielen kleinen *Khoikhoi*-Stammesfürstentümer. *Khoikhois*, die überlebten, wurden anschließend in Südafrika von den Holländern und in Namibia von den Deutschen enteignet, versklavt oder getötet. Weil die Sprache der *Khoikhois* anders als jede europäische Sprache klingt und die weißen Siedler die Worte und Töne nicht aussprechen konnten, nannten sie die *Khoikhoi* abfällig »Hottentotten«.

Nur noch 2.400 *Khoikhoi* leben heute in der Kapregion, doch auch sie haben Spuren hinterlassen. Die bevölkerungsreichsten Stämme Südafrikas, die *Xhosas*, *Zulus* und *Sothos*, haben ein paar ihrer Klicklaute und Vokabeln übernommen und sprechen eine für Afrika einzigartige Sprachmischung aus *Bantu* und *Khoisan* (*Khoikhoi* und *San*).

© Clare Louise Thomas (alle)

Shaka Zulu
Der die Erde zum Grollen brachte

Das stolze *Zulu*-Volk ist mit elf Millionen Menschen das bevölkerungsreichste in Südafrika. Seine Geschichte beginnt im Jahr 1787 in einem kleinen Dorf im heutigen KwaZulu-Natal mit der Geburt von *Shaka Zulu*.

Shakas Vater ist der Anführer eines unbedeutenden, kleinen Stammesfürstentums, seine Mutter verstoßen und der später gefürchtete *Shaka* zunächst ein gehänseltes Flüchtlingskind.

Im Laufe der Jahre wächst *Shaka* zu einem starken Mann heran. Und parallel wächst sein Hunger nach Macht. Früh tritt er in das Heer des *Mthethwa*-Stammes ein und beweist erstaunliche Kampffähigkeiten. Er wird zum ersten Kommandeur erklärt und heißt von nun an *Nodumehlezi* – »der die Erde zum Grollen bringt«. Als sein Vater stirbt, tötet *Shaka* mithilfe seines Heeres seinen ältesten Bruder und reißt die Macht über das kleine *Zulu*-Volk an sich.

Shaka erfindet einen Speer mit dreieckiger Klinge, den *Iklwa*, und lässt seine Krieger in einer neuartigen Formation, dem »Büffelhorn«, die Nachbarstämme angreifen. Zwei »Hörner« umzingeln den Gegner und greifen ihn in der Flanke an, während der »Brustkorb« in der Mitte frontal über den Feind herfällt. Angrenzende Fürstentümer erobert er auf diese Weise schnell, viele ergeben sich freiwillig.

Shakas Eroberungskriege erschüttern das südliche Afrika, kosten eine Million Menschen das Leben und vertreiben ganze Stämme bis nach Malawi, Tansania und Mosambik. Dort führen die Vertriebenen mit den ansässigen Stämmen wiederum Krieg um Land. *Mfecane* oder *Difaqane* (»Zerquetschung«, »Zermalmung«, »Zerstreuung«) heißt in Afrika diese folgenschwere Zeit.

Shaka ist unberechenbar. Frauen, die er schwängert, lässt er aus Angst vor einem Konkurrenten umbringen. Als seine Mutter stirbt, enthauptet er jeden, der nicht ausreichend trauert. Andere Male besticht er durch außergewöhnliche Gnade und Freundlichkeit. Ein Halbbruder bringt ihn 1828 dennoch um. *Shaka Zulu* hinterlässt den größten und mächtigsten Clan des südlichen Afrika. Der Stolz des *Zulu*-Volkes gründet bis heute auf *Shakas* Vermächtnis.

Traditionell gekleidete Zulu-Frau
© Piotr Plecke

isiXhosa
Klicken, schnalzen, sprechen

Was die Frau gerade erzählt, klingt wie »Emkukuweyo, dzzzzoo, sikileeelaa, einquoquo«. Das sind vier Worte, alle singend vorgetragen und mit Schnalzen unterlegt, kurz unterbrochen durch zwei Laute, als wolle man gerade ein faules Pferd zum Galoppieren animieren.

Hoffnungslos, mithilfe von Englisch, Spanisch, Deutsch oder auch Tschechisch auch nur ein Wort davon zu entschlüsseln.

isiXhosa ist nach isiZulu die meistgesprochene Muttersprache in Südafrika. Das Xhosa-Volk wanderte im 15. Jahrhundert aus Zentralafrika nach Südafrika ein und traf hier auf die ansässigen Khoisan. Die friedlichen Urvölker empfanden die neuen Zuzügler nicht gerade als sanftmütig und gaben ihnen den Namen amaXhosa – »das wütende Volk«. Die Xhosas erhielten aber nicht nur ihren Namen von den Khoisan, sondern übernahmen auch deren einzigartige Klick- und Schnalzlaute. Insgesamt drei Klickarten gibt es im isiXhosa. Für jede Klickart gibt es einen eigenen Buchstaben. So funktioniert's:

[x]   Den Zungenrücken am Gaumen festsaugen. Vorne die Zunge spitz formen und dann mit viel Druck zu einer Seite hin lösen. Klingt wie der Laut, den man zum Anspornen eines Pferdes benutzt.

[q]   Die Zungenspitze an den Gaumen festsaugen und abrupt lösen. Klingt wie ein knallender Flaschenkorken.

[c]   Die Zungenspitze hinter den oberen Vorderzähnen andrücken und die Luft schnalzend nach vorne herausdrücken. Klingt wie das »tz, tz«, das man bei Missfallen äußert.

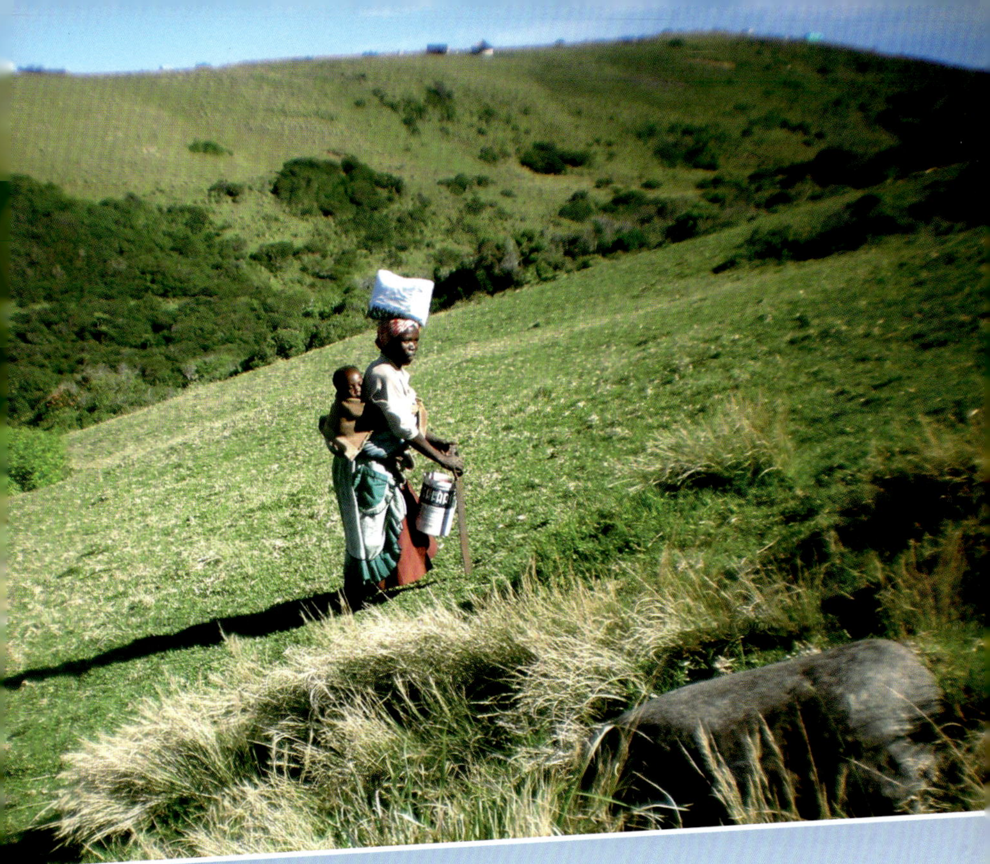

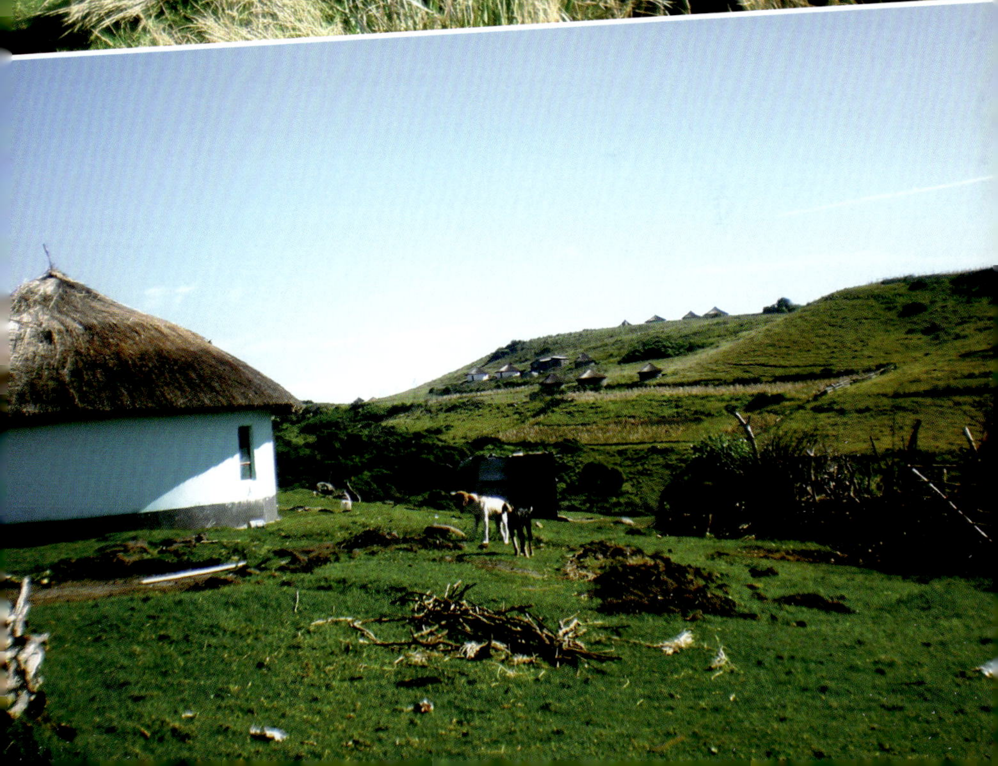

Coloured
Band zwischen Schwarz und Weiß

> »Egal was andere Menschen mir erzählen: Ich sehe ganz klar, dass es etwas gibt, das Weiße und Schwarze in Südafrika anzieht. Da ist ein spezielles Band. Der Beweis: Farbige.«

Riiad Mossa, südafrikanischer Stand-up-Comedian

Als *Coloured* (»Farbige«) bezeichnet man in Südafrika alle Menschen gemischter Abstammung. Das Wort beschreibt nicht nur die Hautfarbe, sondern eine eigene Kultur. Insgesamt 4,5 Millionen Südafrikaner, also 9 Prozent der Bevölkerung, sind farbig.

Farbige sind genetisch die bunteste Gruppe am Kap. Sie sind Nachfahren der ersten europäischen Siedler, der *San* (»Buschmänner«), der eingewanderten schwarzen *Bantu-*Völker (wie *Zulus* und *Xhosas*), aber auch Nachfahren indonesischer, malaysischer, mosambikanischer und madegassischer Sklaven, die im 17. Jahrhundert von den Holländern ans Kap verschifft wurden. Dementsprechend vielfältig sehen sie aus. Die meisten Farbigen leben in der Westkap-Provinz und sprechen Afrikaans als Muttersprache.

© dna photographers

Cape Malay
Farbe und Würze

Seinen multikulturellen, exotischen Flair verdankt Kapstadt seiner lebendigen, kapmalaiischen Gemeinde:

Ob der Ruf des Muezzin am Morgen, die Händler, die Freitagmittag kurz Geschäft und Zeit anhalten, um sich vor der Moschee in der Innenstadt zum Gebet zu versammeln, die anlässlich von Hochzeitsfeiern hupenden Autokorsos, die Einkaufszentren voller Frauen mit bunten Kleidern und locker umgebundenen Kopftüchern, die picknickenden Großfamilien und vielen kleinen Kinder an Stränden und Strandpromenaden, die Gerüche nach Curry, Nelken und Koriander, die pompöse, schräge Karnevalsparade an Neujahr – die schätzungsweise 166.000 Kapmalaien prägen das Aussehen, den Alltag und die Stimmung von Kapstadt. *Bo-Kaap* (siehe Seite 50) ist ihr Viertel. *Cape Malay* gelten auch als *coloured* (»farbig«) in Südafrika, also gemischter Herkunft. Sie unterscheiden sich von den restlichen *Cape Coloureds* durch ihre Religionszugehörigkeit zum Islam.

Ihre Vorfahren wurden im 17. Jahrhundert von den Holländern aus Indien, Indonesien, Sri Lanka und China als Sklaven ans Kap verschleppt. Der Name *Cape Malay* bezieht sich nicht auf ihre Herkunft (Malaysia), sondern auf ihre Sprache. Malaiisch war im 17. Jahrhundert Handelssprache in ganz Südostasien. Heute sprechen *Cape Malays* mehrheitlich Afrikaans als Muttersprache, ein paar wenige wachsen mit Englisch auf.

Bo-Kaap
Klein-Kairo am Kap

Ganz oben, auf der vorletzten Straße von *Bo-Kaap*, wohnt Faidela. Hinter ihrem Haus ragt der *Signal Hill* in den Himmel, genau gegenüber wacht der Tafelberg über der *City Bowl*, dem »Innenstadtkessel« Kapstadts, und direkt unter ihr umarmt das farbigste Viertel von Kapstadt, *Bo-Kaap*, den Fuß des Berges.

Wenn Faidela auf ihr Viertel hinabschaut, sieht sie einen schmalen, zwei Kilometer langen Streifen ein- bis zweistöckiger, leuchtender Würfelhäuser in rapsgelb, ocker, limonengrün, himbeerpink und ozeanblau, und sie sieht ein Dutzend Minarette, die zwischen den dichtgedrängten Häusern emporlugen, als wären sie gerade erst aufgewacht.

Männer und Frauen huschen teils in normaler Arbeitsbekleidung, teils in langen Gewändern über die kopfsteingepflasterten Straßen, einige winken Faidela von unten zu. Ihre Nachbarinnen hängen die Wäscheberge der Großfamilie an Leinen hinter ihren Häusern zum Trocknen auf, ein altes Paar schleppt sich auf die zwei Stühle vor seinem Haus, ein paar Kinder spielen in den engen Nebengassen Ball, und die Obdachlosen des Viertels klopfen bereits an die Türen und bitten um Essen.

Hier in *Bo-Kaap*, dem *Cape-Malay*-Viertel von Kapstadt, weiß jeder, was der andere macht – welche neue, holländische Praktikantin sich bei der Familie Saed für drei Monate eingemietet hat, wie das Geschäft von Boet, dem Automechaniker läuft, wer gerade im Urlaub ist, welcher Gangster wessen Fahrrad gestohlen hat und sogar wer von den Männern des Viertels nachts zuvor »heimlich« im russischen Stripclub war.

Rassebegriffe
Politisch inkorrekt

Trevor Noah, ein halb *Xhosa*, halb Schweizer Stand-up-Comedian, erzählt von seinen Erfahrungen als südafrikanischer *Coloured* (»Farbiger«) in Europa:*

Letztens hatte ich eine Show in London. Ich saß mit einem britischen Kollegen hinter der Bühne und wir unterhielten uns. Da meinte er zu mir *(imitiert starken britischen Akzent):* »Wow, Trevor. Du hast aber einen seltsamen Akzent, Trevor. Du hast einen echt seltsamen Akzent. Sag, Trevor, sag: Woher kommst Du?«

(Spricht mit einem kaum hörbaren, südafrikanischen Akzent) »Wirklich, Jeremy? Nun ja, Jeremy, ich komme aus Südafrika.«

Da war Jeremy ganz aus dem Häuschen *(spricht wieder mit starkem britischen Akzent):* »O-uuu, aus Südafrika, Trevor? Das ist faszinierend, Trevor! Du bist also ein Zo-u-lo-u?«

Ich meinte: »Nein, nein, nein ...! Aber ganz gut geraten, Jeremy. Nein, bin ich nicht. Ich bin ein Farbiger, ein *Coloured.*«

Da schrie er mich auf einmal an *(mit britischem Akzent):* »Sag das nicht, Mann! Sag das nicht. Das ist rassistisch, Mann. Du darfst dieses Wort bei uns hier nicht benutzen, Trevor. Nenn Menschen hier bloß nicht *coloured!* Nenn dich selbst nicht so, Trevor! Du bist ein freier Mann hier. Bruder, du bist hier frei! Man sagt dieses Wort nicht. Man sagt: Ich bin gemischter Abstammung. *Gemischte Abstammung.* Das ist das politisch korrekte Wort, Trevor, weltweit.«

Gemischte Abstammung. Oh Mann! Der Typ muss aber echt aufpassen, wenn der hier in Südafrika aufkreuzt. Wenn der hier zu jemandem hingeht und sagt: »Bitte verzeihen Sie, Sir, sind Sie gemischte Rasse?«, kriegt der noch eins um die Ohren gepfeffert *(mit starkem Cape-Coloured-Akzent):* »Was? Waaas? Was hast du gesagt? Deine Ma ist ›gemischte Rasse‹, du Idiot! Hörst du?«

---

* Aus: Trevor Noah, *The Daywalker* (DVD), 2009 (aus dem Englischen von Elena Beis). **Trevor Noah** ist einer der populärsten südafrikanischen Stand-up-Comedians.

Trevor Noah
© Gaenor Artiste Management

Cape-Malay-Curry
Die richtige Mischung

Das Curry und die ersten europäischen Siedler erreichten das Kap beide im 16. Jahrhundert, wenn auch aus gegensätzlichen Richtungen.

Die Holländer brachten die exotischen, asiatischen Gewürze mit und die Zwangsarbeiter aus Indonesien und Indien die hohe Kunst des Kombinierens gegensätzlicher Aromen. Die Nachfahren der ersten asiatischen Sklaven, die *Cape Malays*, behielten die Vorliebe für das Mischen von Süßem, wie Zimt und getrockneten Früchten, mit pikanten Würzmitteln wie Ingwer, Knoblauch und Zwiebeln bei und entwickelten daraus ihr eigenes *Cape-Malay*-Curry.

Cape-Malay-Hühnchen-Curry

1	große Zwiebel
3 TL	Pflanzenöl
3	Schoten Kardamom
250 ml	Tomatenpüree
1	großes Huhn (1,5 kg)
5	Knoblauchzehen
2 cm	frische Ingwerwurzel
1	grüne Chili
1 TL	Kreuzkümmel
1 TL	geriebener Koriander
1 TL	Masala-Mischung (Garam Masala)
½ TL	Kurkuma
5	Curryblätter
	frischer Koriander

Zubereitung

Gehackte Zwiebel mit Kardamom in einem Topf glasig dünsten. Huhn und Tomatenpüree in den Topf geben und 10 Minuten köcheln lassen. Chili, Knoblauch und Ingwer zerkleinern und beimischen. Kreuzkümmel, Koriander, Garam Masala und Kurkuma hinzufügen. 15 Minuten bei niedriger Hitze köcheln lassen. Curryblätter hinzufügen und weitere 10 Minuten köcheln lassen. Mit frischem Koriander, Reis, Roti (indisches Fladenbrot) und Sambal (indonesische Chilipaste) servieren.

Basotho
Volk des braunen Flusses

Basotho, der Name des Süd-*Sotho*-Volkes, bedeutet »das Volk des braunen Flusses«. Der »braune Fluss« ist der Caledon, der quer durch das Stammesgebiet der *Basotho*, die südafrikanische *Orange-Freestate*-Provinz und das Land Lesotho fließt.

Drei Millionen *Basothos* leben auf der südafrikanischen Seite und zwei Millionen im Staat Lesotho, der vollständig von Südafrika umschlossen wird.

Das Volk der Süd-*Sothos* nennt man also »Basotho«, das Land »Lesotho« und die Sprache, die die *Basothos* sprechen, »Sesotho«. Sie ist auch eine der elf offiziellen Sprachen Südafrikas.

Die *Basothos* sind eines der wenigen südafrikanischen Völker, das dank der cleveren Politik seines berühmten Königs Moshoeshoe (1790–1870) ihr Stammesgebiet gegen *Shaka Zulu*, gegen die Buren und Briten und später sogar gegen das südafrikanische Apartheidregime verteidigen konnte.

Charakteristisch für die *Basothos* sind die bunten Decken, die sie als Mäntel tragen und mit einer riesigen Sicherheitsnadel vorne zusammenstecken, und das kleine, kräftige, trittsichere *Basotho Pony*, das im hoch gelegenen Lesotho (80 Prozent von Lesotho befinden sich auf über 1.800 Meter Höhe) das Transportmittel erster Wahl ist. *Sotho*-Clans tragen als Nachnamen oftmals die Namen von Tieren, wie zum Beispiel der große *Koena*-Clan, der nach dem Krokodil benannt ist.

Zur Kultur der *Sothos* gehört auch das dramatische Vortragen von Volkssagen, sogenannten *ditsomo*, und *diboko*-Gedichten. Respekt vor dem Alter wird in der *Sotho*-Kultur großgeschrieben: Ältere werden immer mit *ntate* (»mein Vater«) und *mme* (»meine Mutter«) angesprochen. Gott, das höchste Wesen, nennen *Basothos* »modimo«. Der Mensch kann sich ihm nur durch »*balimo*«, seine Ahnen, nähern.

Tswana
Die Ordnungsliebenden Afrikas

Ihren Namen *Tswana* haben die West-Sothos vom schwarzfelligen *Tswana*-Rind, das sie im 19. Jahrhundert aus Zentralafrika nach Südafrika und Botswana mitbrachten und das die anderen Rinderrassen auf diesem Gebiet verdrängte.

Vier Millionen *Tswanas* leben im Nordwesten Südafrikas und zwei Millionen im angrenzenden Botswana. *Setswana*, die Sprache des *Batswana*-Volkes, ist eine der elf offiziellen Sprachen Südafrikas.

In Südafrikas Nordwestprovinz, wo bis heute die meisten *Tswanas* leben, stehen noch die Steinmauern, die früher die Siedlungen der *Tswanas* beschützten. *Tswanas* praktizieren bis heute den Ahnenkult und glauben daran, dass Verstorbene auf der Erde weiterleben, solange die Angehörigen den »Schatten« der Person spüren können. Jede *Tswana*-Gemeinde hat ihren eigenen *dingaka*, einen traditionellen Heiler, der den Kontakt zu den Ahnen herstellen kann. Die *Tswanas* unterteilen sich in viele weitere Clans, die wichtigsten darunter sind die *BaHurutshe, BaKgatla, BaKwena, BaRolong, BaThlaping* und *BaTlokwa*.

Tswana-Stammesfürstentümer waren früher hierarchischer strukturiert als die der anderen beiden *Sotho*-Völker. Die *Tswanas* hatten eines der komplexesten und strengsten Justizwesen Afrikas. Verbrechen wurden hart bestraft. Bezeichnenderweise ist Südafrikas Nachbarstaat Botswana, in dem 80 Prozent *Tswanas* leben, einer der saubersten, friedlichsten und geordnetsten Staaten Afrikas, mit wenig Kriminalität. Die meisten Bürger halten sich hier vorbildlich an die Gesetze.

© Brian Long

Nord-Sothos
Die letzte Regenkönigin

Die Nord-*Sotho*-Stämme bevölkern den Nordosten Südafrikas. Rund drei Millionen Nord-*Sothos* leben in der Provinz Limpopo. Ihre Sprache heißt *Sesotho sa Leboa,* früher fälschlicherweise *Sepedi* genannt.

Wie die anderen beiden *Sotho*-Völker, sind auch die Nord-*Sothos* eine heterogene Gruppe, die aus vielen kleinen Stammesfürstentümern besteht. Die *BaPedi* und die *BaLovedu,* auch *Balobedu* genannt, sind die bekanntesten darunter.

Die meisten Nord-*Sotho*-Clans pflegen den Totemismus. Jeder Clan verehrt ein Tier, wie zum Beispiel den Löwen oder das Schwein, das er anbetet und das ihm als heilig gilt. Dahinter steckt der Glaube, der Schöpfer der Welt (»der Urahn«) werde durch das jeweilige Totem verkörpert. Das Volk *BaKwena* hat das Krokodil *(kwena)* als Totem und benutzt das Wort *kwena* auch als respektvollen Gruß. Die *BaKubung* verehren wiederum das Nilpferd. Mitglieder ihres Clans dürfen ein Nilpferd keinesfalls töten oder verspeisen.

Die *BaLovedus* sind ein besonderes Nord-*Sotho*-Volk, denn bis 2001 wurden sie matriarchalisch von Regenköniginnen regiert. Um die Erbfolge weiterzugeben, heiratete die Königin eine Frau. Die Regenköniginnen gebaren auch Kinder, aber die Väter waren nie bekannt. Männer hatten auch am Königinnenhof nichts verloren.

Die letzte Regenkönigin der *BaLovedu* war Königin Modjadji V. Ihr Name bedeutet »die Frau, die der Sonne gehört«. Im Juni 2001 verstarb sie mit 64 Jahren. Da ihre Tochter Makhaela unerwarteterweise drei Tage vor ihr verstarb, hatte sie keine Erbin.

Am Tag, als die letzte Regenkönigin in Polokwane in der Limpopo-Provinz von Südafrika starb, schüttete es wie aus Kübeln. Und als sie beigesetzt wurde, zog ihr zu Ehren ein letztes starkes Gewitter über ihrem königlichen *Kraal* (»Siedlung«) auf.

© Samantha Marx

Indians
Eeuww man an'all

»*Eeuww man!*« (»Hi, Mann«) sagt man in Durban zur Begrüßung, *an'all* ist das indische »and all«. Moscheen, hinduistische Tempel, Gerüche, Essensvorlieben (siehe Seite 54 und Seite 66), Slang – überall in Durban ist der Einfluss der indischen Gemeinde sichtbar. Selbst das tropische Klima von Durban erinnert an Indien.

Dabei kamen die Inder erst 1860 mit der *Truro*-Fähre per Seeweg nach Durban, die meisten von ihnen waren Tamilen aus Südindien. Sie kamen als Zeitarbeiter, um auf den Zuckerrohrplantagen von Natal zu arbeiten. Ihre Arbeitsbedingungen waren schlecht. Auf den Feldern errichteten sie kleine Tempel, um wenigstens ihren Glauben und ihre Kultur weiterhin pflegen zu können. Je mehr Vertragsarbeiter ins Land kamen, umso mehr stieg auch der Bedarf an Gebetsbüchern, Kochutensilien, Gewürzen, Stoffen und anderen indischen Gütern. Und so folgte den »Vertragsindern« eine Welle indischer Händler nach Natal, die sehr erfolgreich Geschäfte mit diesen importierten Waren machten.

Exakt 152.180 Inder waren bis 1911 nach KwaZulu-Natal eingereist. Nach Erfüllung ihres Erstvertrages wurde ihnen freigestellt, ihr Arbeitsverhältnis um weitere fünf Jahre gegen eine kostenlose Heimreise oder ein Stück Land in Natal zu verlängern. Viele nahmen Letzteres an – und blieben.

Die Inder begannen bald, sich zu organisieren und ihre Rechte und Interessen gegen das rassistische Regime zu verteidigen. Einer ihrer Interessenvertreter war Mahatma Gandhi. Er wurde 1893 im Auftrag einer indischen Firma als Anwalt nach Südafrika entsandt, um sich hier für die Rechte seiner Landsmänner einzusetzen. Gandhi blieb fast 20 Jahre in Südafrika.

Rund 1,2 Millionen Südafrikaner indischer Abstammung leben heute in der Provinz KwaZulu-Natal. Sie sprechen Englisch als Muttersprache und sind in der Mehrheit Muslime und Hindus, ein paar unter ihnen sind Christen. Ihrem Mutterland fühlen sie sich auch nach 150 Jahren auf dem afrikanischen Kontinent tief verbunden.

© Jauretsi (beide)

KwaZulu-Natal
Reich der Inder

Trevor Noah reiste nach Durban, in die Hauptstadt der Provinz KwaZulu-Natal, und berichtete danach in seiner Comedyshow von seinen Impressionen:*

Letztens bin ich nach Durban geflogen. Sehr heiß ist es dort. Und sehr feucht. Aber vor allem sehr indisch. Leute sagen: »Wie kannst du das nur sagen, Trevor? So etwas sagt man nicht!« Aber es ist nun einmal so. Wenn etwas heiß ist, dann ist es heiß, und wenn es indisch ist, dann ist es indisch.

Was für mich aber recht verwirrend war. Denn wenn du aus dem Flieger steigst, nehmen dich riesige Plakate in Empfang: »Willkommen in Kwa**Zulu**-Natal«. Du holst dein Gepäck und bist umgeben von Anzeigen: »Willkommen in Kwa**Zulu**-Natal«. Du läufst durch die Ausgangstür, da stehen noch mehr Schilder: »Sie sind in Kwa**Zulu**-Natal«. Alle paar Meter auf der Autobahn sagen dir Verkehrszeichen: »Königreich der **Zulus**«.

Ich weiß, ich weiß, ich weiß, willst du irgendwann sagen! Und: Das ist aber ganz schön unfair. Du kannst doch nicht das Gebiet nur Kwa**Zulu**-Natal nennen. Man muss doch auch die indische Bevölkerung mit einrechnen! Ich habe das nämlich im Internet recherchiert. Durban ist der Ort mit der höchsten Anzahl von Indern außerhalb Indiens. Sprich: Der einzige Ort auf der ganzen Welt, wo mehr Inder als in Durban leben, ist Indien. Die Region sollte doch vielmehr Kwa**India**-Natal heißen!

Und sobald du nach Durban reinfährst, merkst du erst, was es für eine Vielfalt an Indern gibt. So faszinierend. Jedes Aussehen, das du dir vorstellen kannst. Ein paar sehen Weißen zum Verwechseln ähnlich und ein paar sind ganz dunkel. Richtig dunkel. Ich meine richtig, richtig dunkel. So dunkel, dass Schwarze manchmal verblüfft stehenbleiben und sie mit *isiZulu* ansprechen. Und weißt du, was dann passiert? Das ist uuunglaublich: Sie antworten auf *isiZulu*! Ist das nicht herrlich? Die meisten Inder in Durban sprechen nämlich *isiZulu*. Und sogar die *Zulus* in Durban, sprechen *isiZulu* mit einem leichten indischen Akzent.

---

* Aus: Trevor Noah, *Crazy Normal*, Stand-up-Comedyshow, 2011 (aus dem Englischen von Elena Beis).

Bunny Chow
Durbans Beitrag zum Weltkulturerbe

Was die Freiheitsstatue für New York, Beethoven für Bonn und der Machu Picchu für Peru, das ist der *Bunny Chow* für Durban: sein einzigartiger und unverkennbarer Beitrag zur Weltkultur.

Dabei handelt es sich um einen ausgehöhlten Laib Weißbrot mit einem Curry, nach Belieben mit Rindfleisch, Huhn, Lamm oder einfach nur Gemüse. Der Laib wird mit dem Curry vollgestopft und dem zuvor entnommenen Stück Brot, der sogenannten *Virgin* (»Jungfrau«), verschlossen. Zu guter Letzt wird alles noch in Zeitungspapier eingewickelt. Klingt unkompliziert, verlangt aber einiges Wissen und Können.

Hier das Wichtigste zur *Bunny-Chow*-Etikette.

1. Ein *Bunny* finden

Falsch: Die Frage »Wo kann ich *Bunny Chow* essen?«. Die Vokabel *chow* schießt in Durban jeden noch so lässigen Menschen ins Abseits.
Richtig: »Wer macht das beste *Bunny* der Stadt?« oder schlicht und ergreifend »Ich brauche ein *Bunny*«. Auch wenn Letzteres im eigenen Kopf Assoziationen zu *Playboy-Bunnies* weckt, wird der Durbanit diese Frage niemals missverstehen.

2. Ein *Bunny* bestellen

Bunnies gibt es als volle, halbe und viertel Portionen, bestellt wird je nach Größe und Inhalt.
Falsch: »Ein halbes *Bunny* mit Rind bitte.«
Richtig: »Ein Viertel Huhn für mich bitte.« Beim Bestellen spart sich der Connaisseur unnötiges Drumherumreden.

3. Ein *Bunny* vernaschen

Sehr falsch: Nach Besteck fragen.
Richtig: Mit den Fingern essen. Zuerst stückchenweise die *Virgin* abreißen und in das Curry tunken. Anschließend seitliche Stücke von der Brothöhle abreißen und mit Fleischstücken essen.
Heißer Tipp: Keine Brotstücke *unter* der Soße ablösen.

4. Zu scharfes *Bunny*

<u>Falsch:</u> Gesicht verziehen, schimpfen oder aufschreien.
<u>Richtig:</u> Still und unauffällig die Soße vermeiden und statt-
dessen die weniger scharfen Fleischstücke herauspicken.
Sobald fertig, die *Bunny*-Reste in das Zeitungspapier drücken, das Ganze aus einigem Abstand sportlich in die Ton-
ne werfen und dabei sagen: »Wahnsinnig *lekker!* Am liebsten würde ich jetzt gleich noch ein *Bunny* verspeisen.«

Rastafari
Moderne Buschmänner

>»Die Leute hier nennen mich *Sheff*, sie nennen mich Simon, sie nennen mich *Styler*, sie nennen mich Model – ich habe sehr viele unterschiedliche Persönlichkeiten. In Kapstadt führe ich ein kleines *Rastafari*-Restaurant.

Hier am Kap haben wir eine der größten *Rasta*-Szenen der Welt. Damit meine ich nicht nur Leute mit Dreadlocks, sondern *Rastas*, die nach den *Rastafari*-Prinzipien leben. Wir *Rastas* in Kapstadt sehen uns als Nachfahren der *Khoi* und *San*, der Ureinwohner des Kaps. Wir wollen in Kapstadt das Buschmann-Volk wiederbeleben, auch wenn wir hier nicht wie früher mit Häuten herumrennen. Hier in Südafrika etikettiert man uns als ›farbig‹, aber wir selbst sehen uns nicht als ›farbig‹.

Die *Rastafari*-Lehre ist aber nicht nur bei den *Khoisan*, sondern auch in der Bibel verwurzelt. Und weil wir die Prinzipien der Heiligen Schrift befolgen, essen wir kein Fleisch. Die Zehn Gebote lehren: ›Du sollst nicht töten‹, was auch heißt, du sollst kein Fleisch essen, weil du kein Tier töten sollst, um es zu essen.

Zudem kochen wir nur mit Zutaten ohne Konservierungsstoffe, sauberes Essen also. Denn wenn du kein sauberes Essen isst, fühlst du dich nicht gut. Leider ist es für unser Volk schwer, sauberes Essen zu bekommen. Deswegen habe ich ein kleines Restaurant gestartet. Das Essen, das wir zubereiten, belastet dich, deinen Energielevel und deinen Organismus nicht. Durch unser Essen wollen wir uns dem Universum verbunden fühlen, weil so die besten Persönlichkeiten gebaut werden.

Leider bekommt unser Volk nicht die richtige Ernährung, Erziehung, Pflege und Aufmerksamkeit, um es nach vorne zu bringen. Wir werden also *Rastafaris*, um unser Volk zu fördern. Wir werden *Rastafaris*, um die Menschen zu bestärken. Wir werden *Rastafaris*, um ihnen zu erklären, dass die Kraft in ihnen liegt und sie anders sein können, als das, was wir als ›farbige‹, braune Menschen von Südafrika jeden Tag in den *Cape Flats* erleben.«

Passion Gap
Mut zur Leidenschaftslücke

Das *Cape-Flats*-Lächeln bezirzt nicht etwa durch gerade, gepflegte, strahlend weiße Zähne, sondern vielmehr ganz ohne jeglichen Schnickschnack durch einen nackten Gaumen.

Dabei sind den stolzen Trägern dieses Lächelns die Vorderzähne keineswegs verfault, sondern vielmehr in gesundem und tadellosem Zustand gegen eine nicht unerhebliche Menge Geld vom Zahnarzt gezogen worden.

Die Zahnlücke heißt am Kap *Passion Gap* (»Leidenschaftsspalt«). Ihre Sympathisanten, farbige Südafrikaner der Westkap-Provinz, behaupten, damit besser küssen und auch besser anderen leidenschaftlichen Aktivitäten nachgehen zu können.

Die Lücke hat Tradition. Früher mussten sich Farbige in der Kapkolonie als Sklaven verdingen. Den Wert eines Sklaven legten die Kolonialherren anhand des Zustandes des Gebisses fest. Viele Farbige zogen sich aus Protest die Vorderzähne und zeigten so den Kolonialherren den Stinkefinger.

Seitdem ist die Zahnlücke *in* geblieben. Der Kapstädter Jonathan erklärt warum: »Die *Passion Gap* ist unser Stil in Kapstadt. Daran kannst du sehen, dass wir aus Kapstadt kommen, weil wir uns die Zähne ziehen. Außerdem fühlt es sich beim Küssen sehr *lekker* an. Freitagabend zum Ausgehen setzen wir dann die vergoldeten Gebisse ein. Das ist schick. Die *Passion Gap* ist Teil unserer Persönlichkeit, unser einzigartiges Markenzeichen als *Cape Coloureds*.«

Township
Arbeiterreservoir des 21. Jahrhunderts

© Marion Menckhoff

Aus *Loxion Blues* von Natalia Molebatsi:*

leben wir oder überleben wir nur
auf diesem verkrüppelten Stück Land, das übrig blieb
als der Rest weggeschnappt, zuerkannt
verkauft und gekauft war?

dieser Ort, in dem Kirche und Bierhallen
um Aufmerksamkeit konkurrieren und nichts anderes
steht zwischen den Leben unserer wachsenden Bäume

in diesem Ort, angelegt um zu implodieren,
Arbeiterreservoir des 21. Jahrhunderts,
aus Lügen geschaffen, damit Menschen in gleichen Linien denken
Menschen, die aber explodieren zu angesehenen Persönlichkeiten
voller Anmut und Möglichkeiten

dieser Ort, wo Träume laut schreien und austrocknen
während sie darauf warten,
in etwas Saft einzutauchen

dieser Ort, der heißt, dass Menschen weniger sind
arm, gestrandet, zurückgeblieben (weil sie schwarz sind)
vorgezeichnet und suspekt

was würdest du machen? was würdest du denken?
wenn du vor einem unendlichen Nichts stündest,
getarnt als Zuhause,
und Weiße sagen »schau!
sie sind so glücklich in ihrer Armut

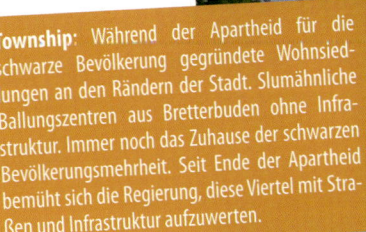

Township: Während der Apartheid für die schwarze Bevölkerung gegründete Wohnsiedlungen an den Rändern der Stadt. Slumähnliche Ballungszentren aus Bretterbuden ohne Infrastruktur. Immer noch das Zuhause der schwarzen Bevölkerungsmehrheit. Seit Ende der Apartheid bemüht sich die Regierung, diese Viertel mit Straßen und Infrastruktur aufzuwerten.

---

* Aus: Natalia Molebatsi (Hg.), *Loxion Blues*, in: *We Are*, Johannesburg, 2008, S. 70 (aus dem Englischen von Elena Beis). **Natalia Molebatsi** ist eine südafrikanische Lyrikerin, Schriftstellerin und Moderatorin aus Thembisa.

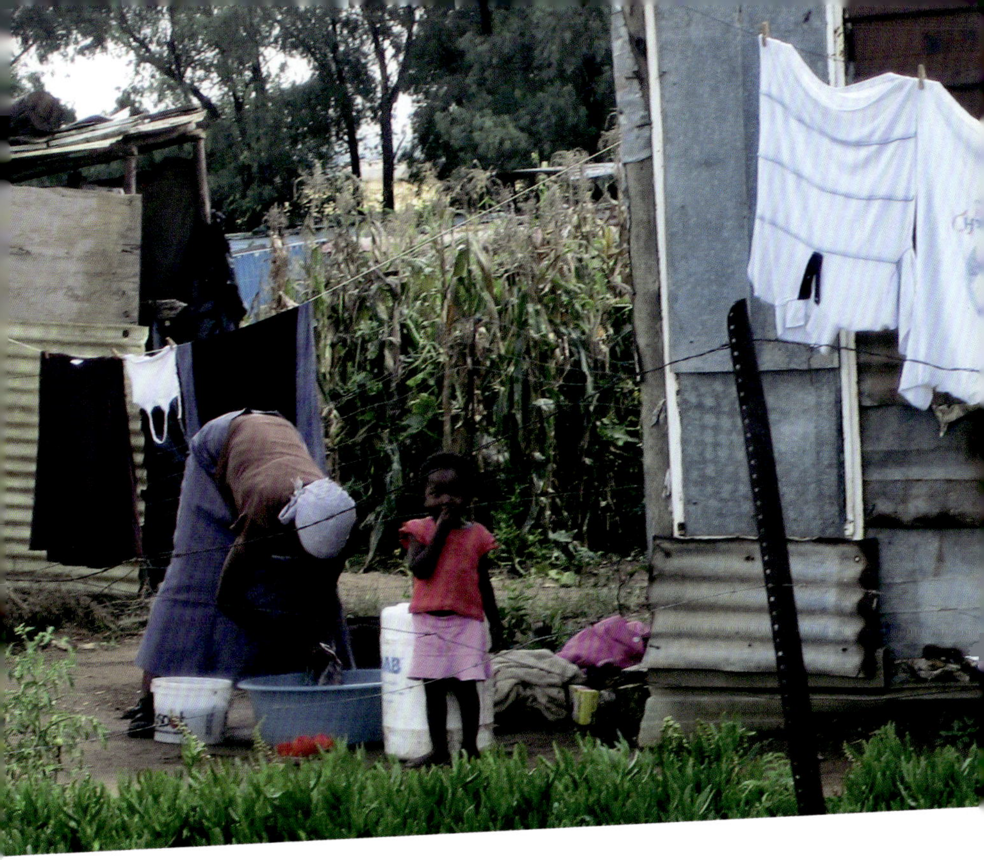

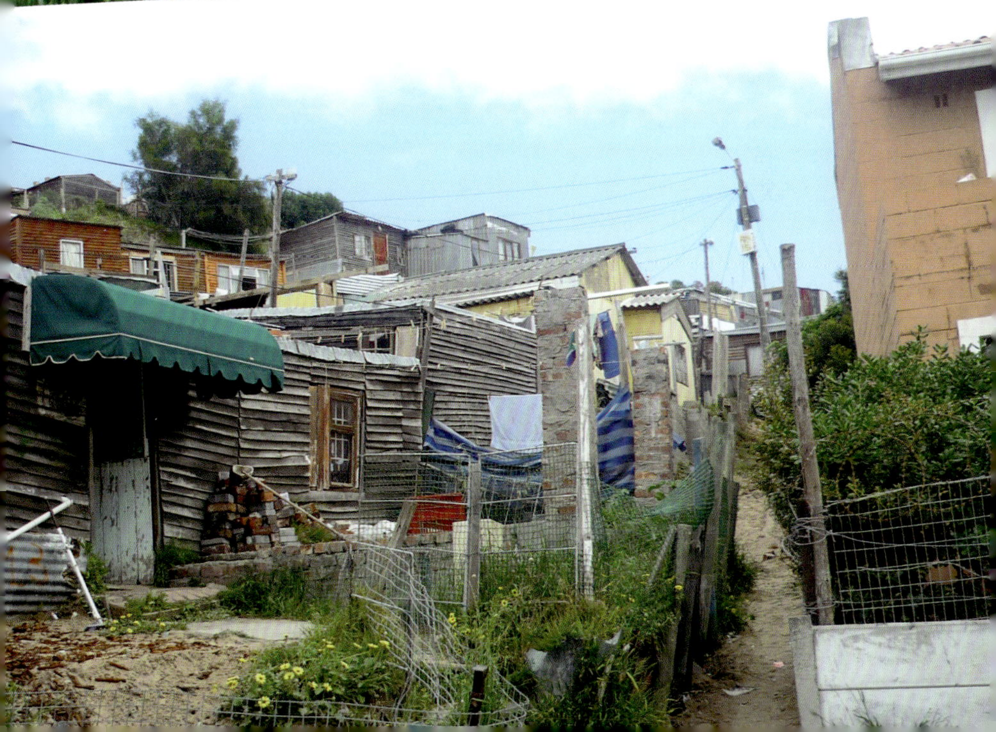

TIK
In den Townships tikkt's

Mit einem gezielten Fußtritt bricht Lindie die Autolampe des geparkten VWs ab und zieht vorsichtig die Glühbirne heraus. Herrlich! Jetzt hat sie ihren »Lolli«.

Sie setzt sich auf dem Parkplatz auf den Boden, holt die TIK-Kristalle aus ihrer Hosentasche, erhitzt diese in der Glühbirne und inhaliert den Dampf. Waaahnsinnnnn – Lindie fühlt sich euphorisch und voller Energie, stark und selbstbewusst. Keck spaziert sie an den Gangstern des Viertels vorbei. Reißt eine Jeans von der Wäscheleine des Nachbarn, geht damit zu ihrem Dealer. Er akzeptiert sie für ein Tütchen TIK.

…Was hat sie eben noch gemacht? Auf einmal sitzt Lindie in einem Zimmer. Sie kann sich nicht erinnern. Zeit ist vergangen. Stunden? Tage? Gott weiß es. Sie will sich bewegen, aber ihre Gliedmaßen fühlen sich an, als hätte sie seit Tagen nicht mehr geschlafen. Lindie legt sich auf den Boden, Augen sperrangelweit offen. Auf den kalten Wänden flackern seltsame Lichter, sie sieht Fratzen. Ist jemand hier? Schon wieder schallt sonderbares Geschrei von irgendwoher. Lindie hat Angst, zittert, fühlt sich hundeelend – wo ist das Scheiß-TIK? Sie ertastet den Boden, den Tisch, die Schubladen, es ist nirgends! Eine Fratze kommt immer näher auf sie zu, Lindie schnappt eine Bierflasche vom Boden und schleudert sie voller Hass gegen die Wand.

Sie verfehlt den Jungen knapp.

In ihrem Delirium kann sie ihn nicht hören. Er schreit: »Mama, Mama, ich bin's, ich bin's!«

Über 250.000 Einwohner vom Großraum Kapstadts sind abhängig von *Crystal Meth* oder TIK. In manchen Problemvierteln der *Cape Flats* konsumieren sogar 70 Prozent der Einwohner dieses Rauschgift. TIK ist eine der verheerendsten Drogen. Sie attackiert das zentrale Nervensystem, versetzt in Wahnzustände, enthemmt den Aggressions- und Sexualtrieb und hat irreversible Gehirnschäden zur Folge. TIK ist am Kap so populär, weil es billig ist und aus legal käuflichen Zutaten hergestellt werden kann, darunter Batteriesäure, Rattengift, Scheuermilch und Toilettenduftstein.

© Jauretsi

Cape Flats
Vorstadthölle

»Die meisten Besucher, die nach Kapstadt kommen, wissen nichts über unser Volk, das hinter dem Tafelberg im Ghetto lebt. Sie kommen nach Kapstadt und sehen nur die Kapstädter. Nicht die Ghettos dahinter. Ich bin einer der wenigen jungen Männer aus dem Ghetto, der es zu einem kleinen Geschäft in der Innenstadt gebracht hat. Kein anderer junger und innovativer Mensch schafft es aus dem Ghetto hierher. Denn niemand fördert sie. Und wenn du in Menschen nicht investierst, dann wachsen sie nicht. Wenn du in Menschen nicht investierst, werden aus ihnen Gangsters. Wenn du in Menschen nicht investierst, dann gewinnen Drogen die Oberhand. Wenn du in Menschen nicht investierst, breiten sich Krankheiten wie HIV aus. Wenn du in Menschen nicht investierst, fangen sie an, sich gegenseitig zu ermorden. Es ist der Kampf ums Überleben.«

Simon Sheff, Musiker, Rastafari und
Restaurantbesitzer aus den Cape Flats

© Louis Vorster (beide)

Die *Cape Flats* sind ein flaches, sandiges Gebiet südöstlich von Kapstadt. Hier leben im Schatten des Tafelbergs zwei Millionen Menschen zu günstigen Mieten in heruntergekommenen Wohnsiedlungen, selbst errichteten Bretterbuden und rostenden Wellblechhütten, die wie Pusteln und Geschwüre auf einem einst schönen Stück Land aussehen. Arbeitslosigkeit, Drogenkonsum und Kriminalität sind so horrend, dass die schlimmsten Viertel Europas im Vergleich hierzu wie Nobelviertel aussehen.

Die Wohnviertel der *Cape Flats* sind in den 1950er-Jahren entstanden. Das Apartheidregime verfrachtete damals alle »nicht-weißen« Bevölkerungsgruppen zwangsweise hierher. In den letzten 15 Jahren wurde viel in die Infrastruktur unterschiedlicher *Cape-Flats*-Viertel und Townships investiert, es wurden neue Wohnblöcke und Straßen gebaut, Wasser- und Stromleitungen verlegt, Zug- und Busverbindungen zur Innenstadt errichtet und trotzdem hat sich die Lage nur wenig gebessert.

Tafelberg
Schirmherr des Kaps

Es war einmal *uQamata*, Sohn des Sonnengottes *Thixo* und der Erdgöttin *Djobela*. *uQamata* liebte den Erdball sehr und wollte ihm ein Stück trockene Erde schenken, denn der Erdball war überall mit Wasser bedeckt.

Als *Nkanyamba*, der mächtige Seedrache, sah, dass *uQamata* ihm ein Stück Erdball wegnehmen wollte, um daraus Land zu formen, wurde er sehr wütend und begann, einen langen, erbitterten Kampf gegen *uQamata* zu führen.

Fast drohte *uQamata* die Schlacht gegen den bösen Seedrachen zu verlieren, da kam ihm seine Mutter zur Hilfe. *Djobela* schuf vier große, tapfere Riesen, die *uQamata* bei seinem Kampf gegen den Seedrachen helfen sollten. Heroisch und mutig kämpften die vier Riesen, denn *uQamatas* Erde wuchs auch ihnen ans Herz. Aber der große Drache besiegte sie. Als die vier Riesen im Sterben lagen, baten sie Göttin *Djobela*, sie in vier Berge zu verwandeln, damit sie das von *uQamata* errungene Land auch nach ihrem Tod an seinen vier Toren weiter verteidigen konnten. *Djobela* erfüllte ihnen diesen Wunsch. Den stärksten und größten der Riesen stellte sie an das Tor des Südens, dort, wo sich die zwei Ozeane treffen. Er wurde zum Tafelberg.

Um den **Tafelberg** ranken sich viele Mythen, die Geschichte von *uQamata* ist eine davon. Der Tafelberg ist rund 430 Millionen Jahre alt und 1.087 Meter hoch. Einst soll er sogar fünfmal so hoch gewesen sein. Der Tafelberg steht im Zentrum von Kapstadt, alle Stadtteile liegen um ihn herum. Über hundert Wanderwege und eine Seilbahn führen zu ihm hinauf. Im Sommer bilden die feuchten Luftmassen, die vom Ozean her auf ihn stoßen, eine Wolkendecke, die sein gesamtes Plateau umhüllt. Die Kapstädter nennen das Phänomen *table cloth* (»Tischtuch«) oder sagen: »Heute ist der Tisch gedeckt«.

Mielie Pap
Brot Afrikas

Bei *Mzoli's* rockt der Bär. Zu *Kwaito*-Musik wird Grillfleisch mit *Mielie Pap* serviert, alles sehr entspannt und ohne Gabel. Denn gegessen wird hier ganz traditionell mit den Fingern:

Die Gäste reißen vom *Mielie Pap*, einer klebrigen, körnigen Masse, ein walnussgroßes Stück mit den Fingern ab, formen daraus eine Kugel und drücken mit dem Daumen eine kleine Vertiefung hinein. Damit dippen sie in das *Chakalaka*, die hausgemachte Tomaten-Chilisoße, und die anderen Fleisch- und Gemüseköstlichkeiten auf dem Teller.

Pur schmeckt der weiße Maisbrei, kurz auch *Pap* genannt, neutral und salzig. Er ist das Grundnahrungsmittel von Südafrika. In ländlichen Gebieten wird *Mielie Pap* morgens in einem großen Topf über dem Feuer zubereitet. Zum Frühstück verrühren die Mamas ihn mit Milch, Butter, Sahne und Zucker. Der zubereitete Brei trocknet bis zum Abend im Topf. Zum Abendessen bröckelt die versammelte Familie Stücke vom mürben *Pap* ab, die sie mit Fleisch, Bohnen, Kohl, Kürbis oder anderem Gemüse umwickeln.

Pap ist schnell gemacht: Dazu wird ein Pfund Mehl mit zehn Gramm Salz und ein paar Tropfen Wasser verrührt und alles mit einem Liter Wasser auf der Feuerstelle, oder heutzutage auch auf dem Herd, aufgekocht. Der Masse wird unter ständigem Rühren Maismehl hinzugefügt, bis sie zäh wird und sich zu einer Kugel ballt. Am Ende wird noch etwas Butter untergemischt.

Umqombothi
Und andere Biersünden

Mit »*Black Label sê die by-bel*« (»Trink *Black Label*, sagt die Bibel«) wirbt *Black-Label*-Bier auf Afrikaans. Die Südafrikaner nehmen es sich zu Herzen und trinken kein alkoholisches Getränk gewissenhafter als Bier.

© dna photographers

Es gibt sehr unterschiedliche Biersorten in Südafrika. In der Ostkap-Provinz wird am liebsten *umqombothi (isiXhosa)* getrunken, ein selbstgebrautes Maisbier. Es besteht aus Maismehl, Bierhefe, Malz und Wasser. Der Mais verleiht ihm eine cremige, grobkörnige Konsistenz. Es ist hellbraun wie Milchcafé, undurchsichtig und schmeckt sehr sauer. Oftmals wird gemeinsam aus einem großen Kanister getrunken, der herumgereicht wird. Auch bei religiösen Zeremonien wird dieses Bier getrunken. Der Alkoholgehalt, bei *umqombothi* drei Prozent, erleichtert die Kontaktaufnahme zu den Ahnen.

Auch *Zulus* und *Sothos* brauen aus Mais und Hirse ihr eigenes Bier. Südafrikaner anderer Kulturen bevorzugen dagegen lieber Flaschenbier oder helles Fassbier. Und davon gibt es nicht gerade wenige zur Auswahl, schließlich sind die *South African Breweries (SAB)* die zweitgrößte Brauerei der Welt. Die populärsten SAB-Biere sind *Castle Lager*, *Carling Black Label*, *Hansa*, *Miller*, *Amstel* und *Carlsberg*. Ebenfalls sehr beliebt in Südafrika ist *Windhoek Lager*, ein Bier aus Namibia, das nach dem deutschen Reinheitsgebot von 1516 gebraut wird.

Shebeen
Herz des Townhships

Es ist Freitagnachmittag. Die Stimmung im Township ist schon sehr entspannt und feierlich. Ein Jongleur schwenkt vor der *Shebeen* des Viertels Bälle, Messer und brennende Fackeln, fängt alles wieder flink auf und geht dann mit seinem Hut durch die klatschende Menge.

In die kleine *Shebeen* dringt durch die geöffnete Eingangstür Tageslicht. Die Sitzbänke rund um die vier plakatbehangenen Wellblechwände sind bereits voll besetzt. Ein paar Männer und Frauen stehen auf und gehen, ein paar neue kommen hinzu, suchen sich ein Plätzchen dazwischen und klinken sich sogleich ins Gespräch ein. Es wird über Politik und das letzte Fußballspiel der *Orlando Pirates* philosophiert.

In der Mitte des Raumes steht ein Billardtisch, vier Männer spielen mit ernsten Gesichtern. Ein großer Plastikeimer *umqombothi* (traditionelles Bier) wird an der einen Seite der *Shebeen* herumgereicht, ein Pärchen setzt sich mit seinen *Castel-Light*-Bierflaschen auf die zwei Hocker vor der kleinen Ausschanktheke.

Im Hinterhof der *Shebeen* stehen drei Männer um ein *Braai* (siehe Seite 278) und grillen für die Kneipenrunde *Smileys* – Schafsköpfe inklusive Augäpfeln und Gehirn. Als sie die zum Essen verteilen, grinsen die verschmorten Schafsköpfe die *Shebeen*-Gäste breit an. Gegenüber spielt jetzt jemand aus dem Auto Musik. Herrlich! Das Wochenende in Gugulethu kann endlich losgehen.

Shebeens sind die zumeist einfach eingerichteten Kneipen in den Townships von Südafrika. Sie sind Zentrum des sozialen Lebens, denn in den meisten Townships gibt es keine alternativen Ausgehorte.

© Jauretsi (beide)

uMlungu
Keine Angst vorm weißen Mann

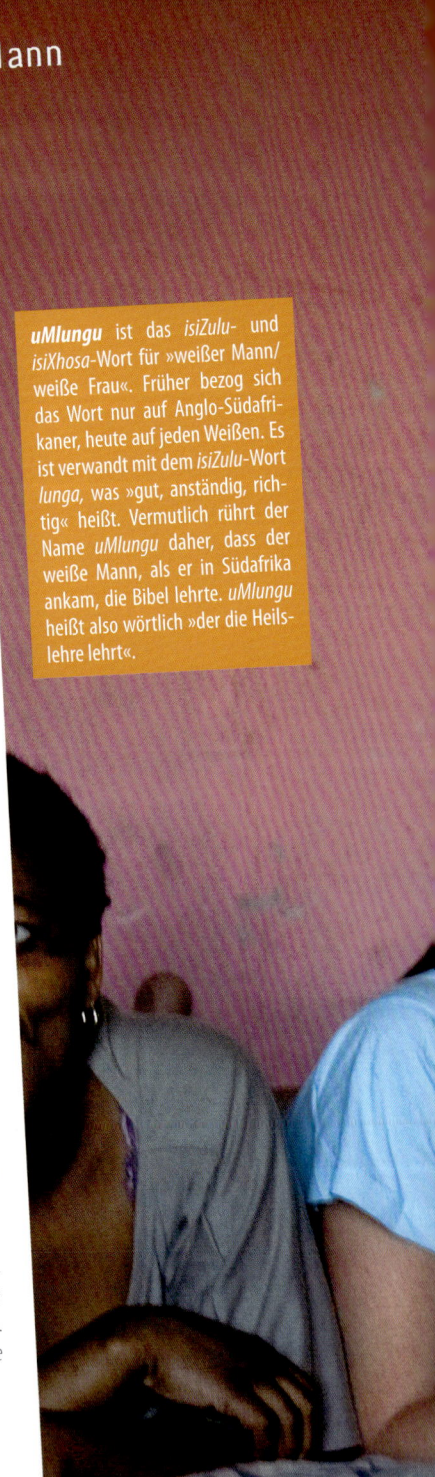

Aus *Whites in Soweto* von Jabulile Bongiwe Ngewanya:* »Soweto rockt«, sagt John lachend. Er wohnt seit zehn Jahren im Township, in einem ordentlichen kleinen Haus mit üppigem Garten, hinter einem offenen Feld, das mit Getränkedosen, halb verbrannten Müllstücken und Papierfetzen übersät ist.

Er lernte eine Einheimische kennen und zog wegen ihr hierher. Der Anblick des *uMlungu* neben einer schwarzen Frau beschert ihm heute keine neugierigen Blicke mehr. Das Leben läuft an diesem heißen Samstag im Township weiter. Die Jungs sitzen am Straßenrand und hören weiter der Jazzmusik zu, die aus einem offenen Auto ertönt. Ein kleines Mädchen in einem pink-weiß gestreiften T-Shirt trippelt mit einem Ball um die Ecke.

John sieht sich nirgendwo sonst auf der Welt als in Soweto. Hier hat er Kameradschaft und die Lebensart des *uBuntu* zu schätzen gelernt. Wie jede Nachbarschaft habe Soweto seine kritischen Ecken, John behauptet aber: »Grundsätzlich ist es sehr friedlich hier.«

uMlungus in Soweto sind mittlerweile eine Realität. Es sind wenige, aber umso stärker ist ihre Eingliederung in die Gemeinde. Noch vor wenigen Jahren war das illegal: Ein weißer Mann, der in einem schwarzen Township lebt. »»»

uMlungu ist das *isiZulu*- und *isiXhosa*-Wort für »weißer Mann/weiße Frau«. Früher bezog sich das Wort nur auf Anglo-Südafrikaner, heute auf jeden Weißen. Es ist verwandt mit dem *isiZulu*-Wort *lunga*, was »gut, anständig, richtig« heißt. Vermutlich rührt der Name *uMlungu* daher, dass der weiße Mann, als er in Südafrika ankam, die Bibel lehrte. *uMlungu* heißt also wörtlich »der die Heilslehre lehrt«.

---

* Aus: Jabulile Bongiwe Ngewanya, *Whites in Soweto. Looking for the uMlungu*, in: senseonline.co.za (aus dem Englischen von Elena Beis). **Jabulile Bongiwe Ngewanya** ist eine junge, südafrikanische Schriftstellerin (*I Ain't Yo Bitch*).

Soweto
Schmelztiegel des neuen Südafrikas

Aus *Whites in Soweto* von Jabulile Bongiwe Ngewanya:* Warum zieht ein uMlungu, ein weißer Mann, ausgerechnet nach Soweto, in ein schwarzes Township? Aus einer fortschrittlichen Welt kommend, scheint Soweto eher ein Schritt zurück zu sein.

Aber für die vielen *uMlungus*, die hier leben, ist Soweto einfach ein reicher Schmelztiegel voll Kultur, Sprache, Leben und Ausdruck. Was hier zählt, ist die Wärme, die die Menschen ausstrahlen und die sie im Gegenzug erhalten. Die Sache mit Soweto ist nämlich folgende – du kannst hier nicht alleine leben. Du lebst mit der sechsköpfigen Familie in dem Haus hinter dir, du lebst mit der Mutter, die ihre Söhne ganz alleine aufziehen muss, du lebst mit dem *umakhelwane* (»Nachbar«), der nachts in dein Haus kommt, wenn er Hilfe braucht.

Soweto ist Südafrikas bevölkerungsreichste Wohngegend. Aber Soweto ist mehr als das. Soweto ist afrikanisch. Mehr noch als afrikanisch ist Soweto menschlich. Soweto schafft Raum für Uneinheitlichkeit. Es schafft Raum für Dinge, die in keine Schublade passen. Es erlaubt Individualität, Schönheit, Träume und Integration mitten an einem Ort, der nur geschaffen wurde, um die totale Segregation zu erzwingen.

---

* Aus: Jabulile Bongiwe Ngewanya, *Whites in Soweto. Looking for the uMlungu*, in: senseonline.co.za (aus dem Englischen von Elena Beis).

Soweto, kurz für South Western Townships (»südwestliche Wohngebiete«), ist ein Zusammenschluss von 30 Townships im Südwesten von Johannesburg. Über eine Million Menschen leben hier. Dank wichtiger Investitionen in die Infrastruktur und der Nähe zum Wirtschaftszentrum Johannesburg ist Soweto die größte, bunteste und fortschrittlichste schwarze Wohnsiedlung Südafrikas und von jeher Trendsetter in Sachen Musik, Mode und Slang.

© Tracey Hunter

© Jauretsi

Citigolf
Die Legende lebt

In sonnenscheingelb, feuerrot, wolkenweiß und himmelblau flitzt der *Citigolf* – in Südafrika auch *Chico* genannt – durch die Städte.

Er klemmt sich bei Bedarf in jede noch so kleine Parklücke und büßt aufgrund seiner Größe weder Eleganz noch Würde ein, wie der jüngere Smart. Öfters unternimmt er auch einen kleinen Abstecher auf die Schnellspuren der südafrikanischen Highways, sehr zum Verdruss der vielen protzigen, rasenden Geländewagen.

Der in Europa mittlerweile fast entschwundene Golf Eins ist auf Südafrikas Straßen omnipräsent und für Studenten, junge Berufstätige, Familien der Mittelschicht, Künstler, Arbeiter und Beamte aufgrund seines günstigen Preises, geringen Wertverlustes, niedrigen Benzinverbrauchs und leicht erhältlichen Ersatzteilen der Wagen erster Wahl. Ihm haftet zudem der Ruf deutscher Zuverlässigkeit an, schließlich brausen die meisten *Chicos* schon seit 15 Jahren unermüdlich die Straßen auf und ab und bleiben selbst mit 200.000 Kilometern auf dem Buckel unkaputtbar.

Im Laufe seiner mehrere Jahrzehnte dauernden Produktionszeit in Südafrika von 1978 bis 2009, erlebte der *Citigolf* ein Wachstum von 800 Prozent: Er verzeichnete 3.500 Neuzulassungen in seinem ersten Jahr und 28.000 Stück in seinem letzten – ein weltweit einmaliger Liebesbeweis für ein 35 Jahre altes Automodell.

Sicherheitslage
Die Angst der Touristen

In Kapstadt fallen Touristen, die gerade angekommen sind, gleich auf. Sie wirken leicht verloren und schwer misstrauisch. Sie drehen sich oft nach hinten um, wenn sie Geld abheben und verstauen dann die Scheine auffällig in »unauffälligen« Bauchbeuteln.

Sie stellen sehr viele Fragen: Können wir das Auto hier stehen lassen? Alleine durch *Bo-Kaap* (siehe Seite 50) spazieren? Einfach so in ein Taxi steigen? Angesichts der einschlägigen Berichterstattung schlummert in ihnen die Befürchtung, den Irak des Urlaubskataloges ausgesucht zu haben. Wenn sie abends unbeschadet das Hotel erreichen, atmen sie erleichtert auf.

Mit einer Mischung aus Faszination, Angst, Abscheu und Unglauben (vor allem aber Faszination) leiern Touristen bei jeder sich ergebenden Gelegenheit Gespräche über grausame Kriminalakte an, die sie irgendwo gelesen, von Freunden gehört oder anderweitig aufgeschnappt haben.

Nachdem sie sich die ersten Tage überdurchschnittlich viel Sorgen um ihre Sicherheit und Kameratasche machen, entspannt sich ihr Bedrohungsgefühl vor Ort schnell, und so auch ihr Nacken. In vielen Touristen verfestigt sich nun der Eindruck, die Sicherheitslage in Südafrika sei nicht sehr viel anders als in den Niederlanden (was aber auch nicht wirklich behauptet werden kann).

In der Tat kommt der Tourist mit Kriminalität eher selten in Berührung – die visuelle Konfrontation über die Titelseiten der Tageszeitungen ausgenommen – wenn er ein paar einfache Regeln befolgt, sprich: keine Entdeckungsspaziergänge durch Townships und gottverlassene Straßen unternimmt, nicht mit Spiegelreflexkameras, Euro-Batzen und Smartphones vor Menschen herumwedelt, die nicht einmal Geld für Brot haben und im Fall des Falles keine Diskussionen über zwanzig Euro mit messerschwingenden Taschendieben vom Zaun bricht.

Kriminalität
Entwurzelung und Chancenlosigkeit

»Durch Kriminalität verdient unser Volk im Ghetto seinen Lebensunterhalt. Kriminalität bringt Brot und Butter auf den Tisch. Ein Kind wird nicht geboren, um ein Verbrecher zu werden.«

»Wenn unsere Kinder mit der Schule fertig sind, haben viele von ihnen keine Optionen und niemanden, der sie an die Hand nimmt. Sie werden zu Kriminellen, um irgendwie zu überleben. Dabei ist das Gemeinste, was du einem kleinen, unschuldigen Kind antun kannst, es in die Kriminalität zu treiben.

Zudem werden Menschen verrückt, wenn man ihnen ihre Geschichte wegnimmt, wie sie es bei uns braunen Menschen gemacht haben. Jemanden über Jahrzehnte *kaffir* (rassistische Bezeichnung für Nicht-Weiße) zu nennen oder ›farbig‹, ist psychischer Terror. Wenn sie uns beispielsweise ›das Urvolk‹ nennen würden, könnten die Menschen anfangen, über ihre Wurzeln nachzudenken. Sie hätten etwas über sich selbst zu entdecken, sie hätten auf einmal Werte. Aber im Moment haben sie keinen Stolz, weil sie nicht wissen, wer sie sind. Und nicht einmal das ist ihnen bewusst. Sie sind zu schwach. Sie sind so sehr damit beschäftigt zu überleben, dass sie gar nicht dazu kommen, über alles andere nachzudenken.

Und so beklauen und töten sich die Menschen meines Volkes gegenseitig, wie Tiere in einem Käfig.«

*Simon Sheff, Rastafari und
Gastronom aus den Cape Flats.*

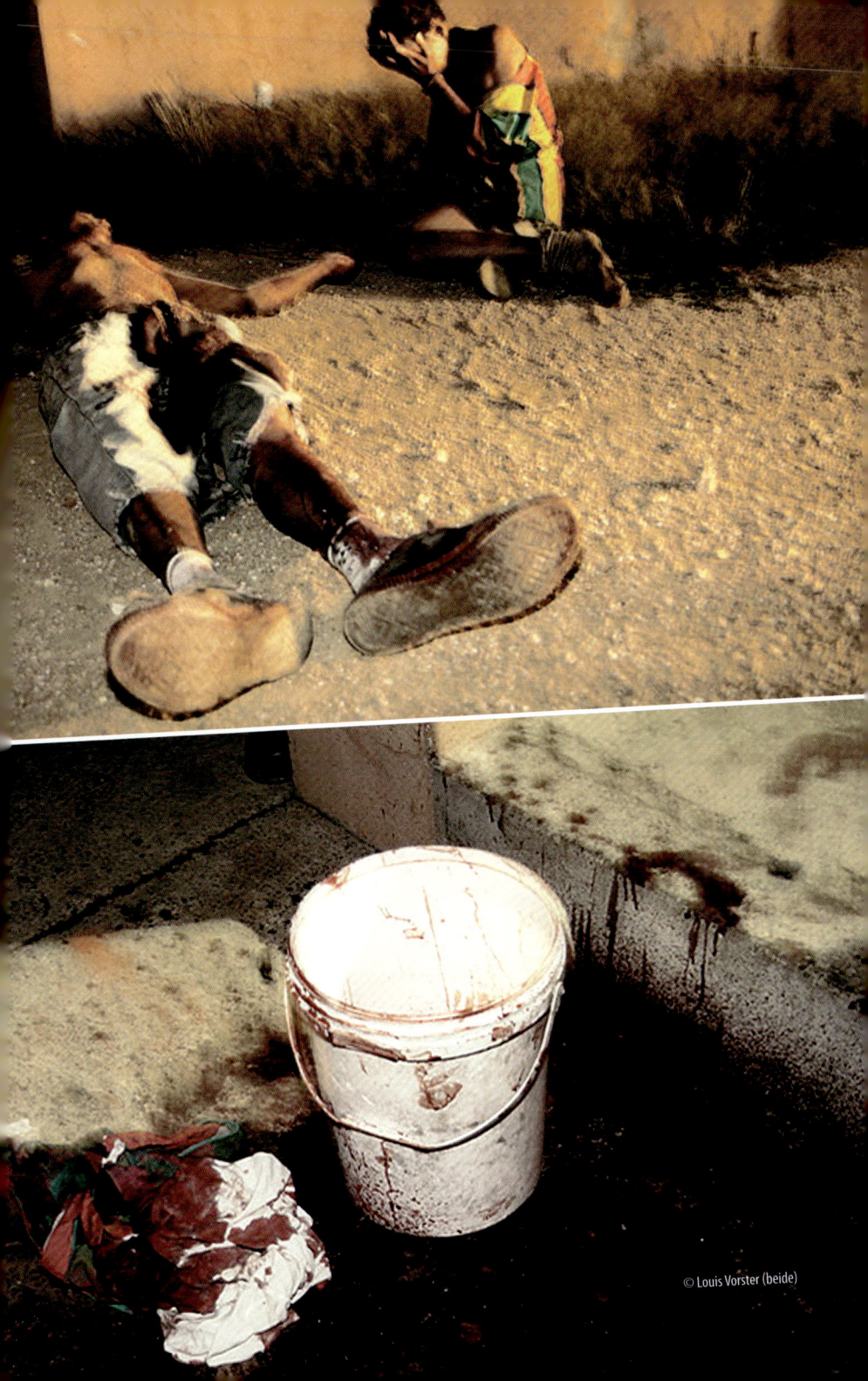

© Louis Vorster (beide)

Apartheid
In Desmond Tutus Worten

Desmond Tutu (*1931), ehemaliger anglikanischer Erzbischof von Kapstadt, Anti-Apartheidkämpfer, Friedensnobelpreisträger und moralischer Kompass:

1983: »Ich bin 52 Jahre alt, Bischof der anglikanischen Kirche, und ein paar Menschen könnten geneigt sein zu sagen, dass ich halbwegs vernünftig bin. In meinem Geburtsland darf ich nicht wählen, eine junge, 18-jährige Person schon. Warum? Weil er oder sie über ein wunderbares biologisches Merkmal verfügt, das ich nicht habe – eine weiße Hautfarbe.«

1984: »Seid nett zu den Weißen. Sie müssen ihre Menschlichkeit wiederentdecken.«

1985: »Ich bin nicht daran interessiert, Brotreste des Mitgefühls aufzulesen, heruntergeworfen vom Tisch einer Person, die sich als Gebieter erachtet. Ich möchte das volle Menü der Menschenrechte.«

1993: »Wenn du in einer ungerechten Situation neutral bist, hast du die Seite des Unterdrückers gewählt. Wenn ein Elefant mit seinem Fuß auf dem Schwanz einer Maus steht und du sagst, du seiest neutral, wird die Maus deine Neutralität nicht schätzen.«

Post-Apartheid
In Desmond Tutus Worten

1996: »Es gibt unterschiedliche Arten der Gerechtigkeit. Vergeltende Gerechtigkeit ist ein westliches Konzept. Das afrikanische Verständnis ist viel ausgleichender und heilender – es geht weniger darum zu bestrafen, als das aus der Bahn geratene Gleichgewicht wiederherzustellen.«

2000: »Südafrika, so völlig unerwartet, ist zum Hoffnungsstrahl in einer dunklen, betrübten Welt geworden.«

2004: »Es könnte uns überraschen, wen wir im Himmel antreffen. Gott hat eine Schwäche für Sünder. Seine Maßstäbe sind nicht sehr hoch.«

2008: »Die Länder Europas haben Jahrhunderte gebraucht, um ihre Demokratien zu entwickeln. Wir hatten gerade einmal 14 Jahre seit dem Ende der Apartheid. Und davor hatten wir 300 Jahre eine Gesellschaft, die auf Rassentrennung beruhte.«

Triumph über Widrigkeiten
Die Heldentat, nicht aufzugeben

Drei Uhr morgens zwingt sich Abiedo aus dem Bett, um sich auf sein *Matric*, das südafrikanische Zentralabitur, vorzubereiten. Nur dann kehrt in das kleine Zimmer, das er sich mit zwölf weiteren Menschen teilt, kurz Ruhe ein.

Zum Lernen und Hausaufgabenmachen hat er bis zum Morgengrauen Zeit ... Wenn dann nachts der Strom streikt, und das passiert hier im Township oft, zündet Abiedo Kerzen an – sofern vorhanden.

Falls nicht, rekapituliert er in der Dunkelheit, den Rücken gegen die kalte Wand gelehnt, sein Wissen im Kopf. In seiner Schule fällt ständig der Unterricht aus. Seine High School im Johannesburger Township Alexandra gilt als Problemschule, nur jeder vierte schafft hier den Abschluss. Abiedo hat keine Eltern, die er um Hilfe oder Rat fragen kann. Seine Mutter ist im Jahr zuvor an Tuberkulose verstorben, Abiedo hat sie bis zu ihrem Tod gepflegt, seinen Vater hat er nie kennengelernt.

Kurz vor der Abiturprüfung verliert Abiedos Onkel, der Ernährer der kleinen Familie, seinen Job und somit das einzige Einkommen. Abiedo hat Glück: Seine Lehrer helfen ihm mit Essenspaketen über die Runden. Und er bleibt aus Dankbarkeit am Ball.

An seinem 17. Geburtstag erfährt Abiedo, dass er das Abitur bestanden hat – mit Auszeichnung in sechs Prüffächern, also besser als manch ein Schüler elitärer Privatschulen! Für seine herausragenden Leistungen wird er belohnt. Abiedo erhält ein staatliches Stipendium für ein Hochschulstudium. Ein kleines, schwer verdientes Trittbrett aus der Armutshölle.

© Lino Steenkamp

Vergebung
Keine Sache der Gerechtigkeit

Am 1. August 2006 tritt Adriaan Vlok, zu Apartheidzeiten »Minister für Öffentliche Ordnung«, mit einer Schüssel und einer Bibel in das Büro des Mannes, dessen Unterwäsche er 17 Jahre zuvor in Gift tränken ließ, um ihn zu töten: Ehrwürden Frank Chikane, einem ehemaligen Anti-Apartheidaktivisten.

Vlok bittet um Wasser und darum, Frank Chikane die Füße waschen zu dürfen. Als er Chikanes Füße gewaschen hat, überreicht er ihm eine Bibel auf deren Umschlag eingraviert steht: »Ich habe gegen den Herren und gegen dich gesündigt. Bitte vergebe mir. (Johannes 13:15)« Frank Chikane, der den Mordanschlag knapp überlebt hat, nimmt Vloks Entschuldigung an.

Adriaan Vlok wird nach diesem Geständnis wegen versuchten Mordes der Prozess gemacht. Er bekommt eine zehnjährige Bewährungsstrafe. Als Chikane am Ende des Prozesses gefragt wird, ob der Gerechtigkeit seiner Meinung nach Genüge getan wurde, sagt er: »Ich bin froh, dass das jetzt vorbei ist und wir uns nun nach vorne bewegen können. Diese Angelegenheit ist in erster Linie nicht eine Frage der Gerechtigkeit, sondern eine Frage dessen, wie wir angesichts all dieser Dinge, die in der Vergangenheit passiert sind, unser Land nach vorne bringen.«

© Louis Vorster

Uxolelwano
Warten auf Wiedergutmachung

Das *isiXhosa*-Wort für Versöhnung ist *uxolelwano*; wörtlich übersetzt heißt es »Vergebung«. Im südafrikanischen Verständnis gehören Vergebung und Versöhnung zusammen, denn Versöhnung setzt Vergebung voraus.

Das Wort *uxolelwano* meint Beschwichtigung und die Überwindung von Misstrauen und Feindseligkeit, um Einigung und Aussöhnung zu erreichen. Ein kleines, zauberhaftes Wort, das in sich zusammenfasst, warum Südafrika heute kein Bürgerkriegsland ist, sondern ein Hoffnungsschimmer auf dem afrikanischen Kontinent.

Der südafrikanische Großunternehmer Mark Lamberti stellte im Jahr 2004 fest, dass manche Bürger ihr Zutun für UXOLELWANO noch schuldig bleiben: »Der Mehrheit unserer schwarzen Bürger ist Weiterkommen wichtiger als Vergeltung. Selten hat sich eine Menge, die zuvor in jedem Aspekt ihrer menschlichen Existenz so erniedrigt worden ist, so versöhnlich gezeigt. Die Bereitschaft zur Versöhnung darf aber nicht als Akzeptanz des Status quo missinterpretiert werden. In ihr liegt die Forderung nach Wiedergutmachung. Im Gegensatz zum Großmut schwarzer Vergebung haben die meisten weißen Südafrikaner ihre Privilegien bisher nur geteilt, wenn sie per Gesetz dazu verpflichtet worden sind.«*

© Lino Steenkamp

* Zitat aus: Ian MacDonald, *Many Feet to Wash*, South Africa The Good News, 8. September 2006 (aus dem Englischen von Elena Beis).

Tschakma
Fred, der Trickser

Fred lässt die zwei hübschen Japanerinnen, die gerade am Parkplatz vom *Cape-Point*-Nationalpark auf ihr Auto zusteuern, nicht aus den Augen. Er sitzt auf dem Dach eines Opel Corsa und weiß genau, was jetzt kommt.

Das eine Mädchen zückt aus ihrer Hosentasche den Autoschlüssel, ein »tiktik« ist zu hören – da schwingt Fred wie auf Stichwort zum richtigen Auto, öffnet die Fahrertür am Griff und setzt sich gemütlich auf den Autositz, bevor die Frauen ihr Mietauto erreichen.

Fred ist ein *Tschakma* (»Bärenpavian«), kräftig und vor allem: mit allen Wassern gewaschen. Er durchsucht den Wagen, findet sogleich die Handtasche, die unter dem Fahrersitz versteckt liegt, schüttelt sie, grapscht aus Jux und Dollerei das Mobiltelefon heraus und verstreut den Rest des Tascheninhalts über die Sitze. Was für ein Pech! Im Auto liegt nichts von Interesse. Und Fred interessiert nur eins: Essen.

Mit dem Handy in der Hand trottet Fred an den schockierten Japanerinnen vorbei und positioniert sich möglichst optimal, um a) von den Aufpassern, die ihm immerzu auf den Fersen sind, nicht erwischt zu werden und b) das nächste Auto auszuchecken. Wenn die Essenssuche im Nationalpark unfruchtbar bleibt, zieht er in bewohntes Gebiet weiter und stattet den Einfamilienhäusern einen kleinen Besuch ab, nascht von ihren Obstbäumen oder spaziert schnurstracks zum Kühlschrank, wenn die Verandatür offen steht. Zweimal die Woche schaut er beim Supermarkt vorbei, immer wenn Würstchen gegrillt werden. Alternativ durchsucht er die Mülltonnen der ihm bestens bekannten Restaurants oder spielt Picknickenden einen kleinen Streich. Irgendwas geht immer.

Aber am liebsten sind Fred die Hellhäutigen mit den großen Kameras, die ihm, aus welchen Gründen auch immer, freiwillig Orangen, Käsebrote und Burger aus dem Auto hinhalten. Kein Pavian wäre jemals so dumm, freiwillig Essen abzugeben, denn das machen nur Untergebene. Folglich stehen Menschen in Freds Weltansicht seit einiger Zeit unter ihm. Nein, die Menschen kann er wirklich nicht mehr ernst nehmen.

Baboon-Wächter
Die mit den Pavianen leben

»Willy, the baboon, in face-off with labrador«
Willy, der Pavian, in Konfrontation mit einem Labrador

»Baboons with a taste for Chardonnay grapes are terrorising farmers«
Paviane mit einer Vorliebe für Chardonnay terrorisieren Farmer

»Hijacked by baboons«
Auto von Pavian überfallen

Die 400 *Tschakmas* (»Bärenpaviane«), die in Truppen am Kap leben, sorgen regelmäßig für Schlagzeilen. Mal verläuft sich einer in die Stadt, mal essen sie die erntereifen Weintrauben von Weinfarmen und betrinken sich dabei, mal klauen sie Picknickkörbe oder gefährden kleine Kinder, wenn sie in Autos einbrechen. Menschen, die Paviane füttern und sie lehren, dass Menschen Essen abgeben, setzten diesen Teufelskreis in Gang.

Für *Tschakmas* gibt es nichts Logischeres, als Menschenessen zu klauen. Ein Butterbrot oder einen Doughnut zu erhaschen geht wesentlich schneller, als mühsam den ganzen Tag lang in der Natur Früchte, Nüsse und Muscheln aufzuklauben. Und ist der Nahrungsbedarf einmal gedeckt, können die Paviane den Rest des Tages ihren Lieblingsbeschäftigungen nachgehen: abhängen, spielen und sich paaren.

Um Zusammenstöße mit genervten Einheimischen zu vermeiden, die vereinzelt manchmal sogar mit Gewehren auf die Tiere schießen, wenn ihr Haus zum dritten Mal in der Woche von einer Pavian-Truppe verwüstet wird, leben *Baboon*-Wächter mit den Pavianen am Kap zusammen. Jede Pavianhorde hat ihr eigenes Wächter-Team. Die Wächter scheuchen sie die Berge hoch, wenn sie wieder einmal einen kleinen Abstecher in eine Menschensiedlung unternehmen wollen. Und die Paviane kennen ihre Wächter. Ab und zu versuchen sie zu entwischen, indem sie sich zum Beispiel in Mülltonnen verstecken und den Deckel über ihrem Kopf zuziehen. Das bleibt zumeist erfolglos, weil auch die Wächter ihre Pavianhorde gut kennen, schließlich verbringen sie 365 Tage im Jahr zusammen.

Lobola
Preis der Liebe

Heute ist der große Tag. Seit dem Morgengrauen schnippeln, kochen, braten und backen Asanda, ihre Mutter, Schwestern, Tanten und Cousinen wie wild in den drei Rundhütten, die Asandas Großfamilie gehören, während die Männer des Haushalts vor der Hütte sitzen und sich unterhalten.

Sandiso, Asandas zukünftiger Bräutigam, kommt nämlich heute mit seiner Familie, um Asandas Familie *Lobola*, den Brautpreis, zu bezahlen. Seit Studienzeiten sind Asanda und Sandiso bereits ein Paar, beide arbeiten in der Stadt. Hier nach KwaSemo, ihrem heimatlichen Dorf am Rand von KwaZulu-Natal, kommen sie nur zu besonderen Anlässen wie diesem.

Als Sandiso, seine 20 Familienmitglieder und eine Riesenkarawane an Autos plus Anhänger am Nachmittag endlich das Anwesen von Asandas Familie erreichen, erklärt Sandisos Vater ganz formell, dass er und seine Familie gekommen seien, um für Asanda *Lobola* zu bezahlen. Sie werden herzlich willkommen geheißen. Asanda und ihre Familie singen traditionelle *Zulu*-Lieder, Sandiso und seine Familie übergeben dabei die fünf mitgebrachten Kühe, elektrischen Küchengeräte, Kochtöpfe, Pfannen und Wolldecken an Asandas Vater.

Danach verschwinden die Männer in ein Rondavel, um zu verhandeln. Sandisos Vater überreicht dem Brautvater noch einen Umschlag mit Geldscheinen, woraufhin sich dieser mit der Höhe der *Lobola*, und somit einer Heirat von Sandiso und Asanda, einverstanden erklärt. Alle singen nun Lieder auf das zukünftige Brautpaar, es wird gegessen, getrunken, gefeiert, getanzt und anlässlich des freudigen Anlasses sogar eine

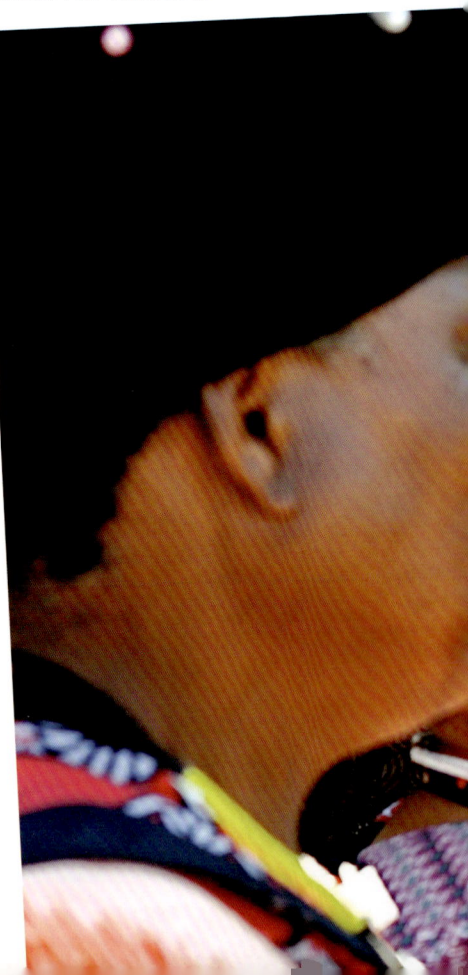

Ziege geschlachtet. Zu guter Letzt überreicht Sandiso Asanda noch ein Kleid. Laut Tradition ist es das Gewand, das Asanda in Zukunft als Hausfrau tragen soll. In Wirklichkeit hat Asanda das Kleid aber selbst in einer Johannesburger Boutique ausgesucht. Denn mit der *Lobola*-Tradition ist das heutzutage so: Sie wird ganz modern und emanzipiert gepflegt.

Die *Lobola*-Tradition wird von den meisten schwarzen südafrikanischen Völkern weiterhin praktiziert, wenn auch die Bezahlung heutzutage öfter mit Barem als Kühen beglichen wird.

© Gavin Moodley

Sunshine Coast
Ortsnamen für gute Laune

Ob *Bikini Beach* (»Bikinistrand«), *Mpumalanga* (»wo die Sonne aufgeht«), *Wilderness* (»Wildnis«), *Misty Cliffs* (»Nebliges Kliff«) oder *Elephant's Eye* (»Auge des Elefanten«) – südafrikanische Ortsschilder machen unglaublich gute Laune und vermitteln einem das Gefühl, den Garten Eden zu durchreisen:

Sun Valley Sonniges Tal	*Sandy Bay* Sandige Bucht
Flamingo Road Flamingo Weg	*Wild Coast* Wilde Küste
Sunset Beach Strand des Abendrots	*Monte Vista* Bergsicht
Sunnydale Sonniges Flusstal	*Eagle's Nest* Adlernest
Hope of Constantia Hoffnung von Constantia	*Seawinds* (Township) Seewinde
Berg-en-Dal Wavecrest Berg-und-Tal Wellenkamm	

Hinter den Postkartennamen verstecken sich meistens ebenso schöne Plätze. Aber auch Elendsviertel putzen sich gerne mit idyllischen Namen heraus, wie *Lavender Hill* (»Lavendelhügel«), *Ocean View* (»Meeresblick«) oder *Gugulethu* (»unser Stolz«), auch wenn in diesen tristen Orten genau das fehlt – Lavendel, Grün, Hügel und die Aussicht auf das Meer.

Haga Haga   13

80

Kwaito
Eine coole Sache

Drei junge Männer stellen einen Lautsprecher auf die Motorhaube ihres getunten Golf Eins, der direkt gegenüber von der Township *Shebeen* steht.

Trommeltöne hallen erst leise, dann lauter durch die Nachbarschaft, den langsamen, wiederkehrenden Beat hört man bis in die *Shebeen* hinein: bam-bambam-bambambam-bam.

Die drei Jungs, Hip-Hop-mäßig gekleidet und biertrinkend, wippen dazu, drehen schließlich die Lautstärke auf Maximum, bam-bambam-bambambam-bam, eine elektronische Melodie setzt ein, dann Sprechgesang, das Ganze klingt irgendwie nach Dub, irgendwie nach House, irgendwie nach Hip-Hop – es ist *Kwaito*.

Ein paar Township-Bewohner spazieren tänzelnd vorbei, andere stellen sich einfach ans Auto dazu, der Parkplatz wird zur Tanzfläche. Die Tänzer federn die Beine zusammen und auseinander, drehen sich um die eigene Achse und verbiegen ihre Körper mit einem Takt, Einfallsreichtum und Gleichlauf, der die meisten Weißen daneben rhythmusgestört aussehen lässt.

Kwaito, das ist der Sound der Townships. Dort geboren, erzählt er im Township-Slang vom dortigen Leben und den Missständen. »*That's kwaai*« heißt im Township »das ist cool«. Aber *Kwaito* ist mehr als nur Südafrikas cooles, ureigenes Musikgenre. Kwaito ist Lebensart, Kleidungs-, Sprach- und Tanzstil und Identität der neuen städtischen Jugendkultur.

Zuwanderung
Sechs Millionen Glücksuchende

Jeden Morgen winkt Nadia Didier zu. Er steht schon auf der Straße und »bewacht« die geparkten Autos, wenn ihre Schicht im Café beginnt.

Didier ist Kongolose, manchmal wechselt sie mit ihm ein paar Worte auf Französisch. Im Laufe des Vormittages kommt der Texaner John ins Café und liest die Zeitung. Nadia bringt ihm immer Kaffee mit Milch. Manchmal erzählt John von seiner Arbeit mit den Kindern im Township. John versucht, ihnen alles Wichtige über den Computer beizubringen – Google, E-Mail, Texte schreiben. Auf dem Weg zu ihrem Kurs am Nachmittag – Nadia nimmt gerade Schauspielstunden – hält sie in der somalischen »Superette« von Hassan an, um Zigaretten zu kaufen.

Nadia, Hassan, John und Didier sehen sich jeden Tag. Ihre Geschichte könnte nicht unterschiedlicher sein, sie alle aber haben etwas gemein: Sie sind nach Südafrika gekommen, um hier ihr Glück zu versuchen. Nadia ist aus Köln nach Kapstadt gezogen, um ihr Glück in der Filmbranche zu finden. Hassan kam aus Mogadischu, weil er von einem Leben ohne Kugelhagel geträumt hat, von Sicherheit, »Normalität« – all das, was er vor Kurzem nur aus Erzählungen kannte. John, der pensionierte Lehrer aus Texas, ist hier, weil er davon geträumt hat, etwas Sinnvolles aus seinem Ruhestand zu machen, Menschen zu helfen, eine Veränderung zu bewirken. Didier wiederum ist im Kongo von Schergen der Regierung verfolgt worden und über Nacht geflüchtet. Sein Traum ist simpel: Arbeit, Essen, ein Dach über dem Kopf, Geld, das er an seine Familie im Kongo schicken kann. Er hat aber keine südafrikanischen Arbeitspapiere, also schlägt er, ein studierter Anwalt, sich als *Carguard* durch.

Südafrikas Straßen sind voll mit sechs Millionen Menschen, die hier Glück, Erfüllung oder einfach ein besseres Leben suchen. Menschen, die manchmal nur mit Ideen und Hoffnungen hier ankommen. Menschen, die etwas riskieren und die Südafrikas Großstädte mit Charme und Menschlichkeit fluten.

Don't expect miracles

Sport

© Lino Steenkamp (beide)

Abwanderung
Neugier auf Übersee

Auf diesen Tag hat Tamlyn ihr ganzes Studium lang hingespart und ihm entgegengefiebert:

Heute wird von Familie, Freund und Sandkastenfreundinnen Abschied genommen, denn morgen geht es auf nach London, auf in die große, weite Welt. Tamlyn hat ein abgeschlossenes Studium, ein Visum für Großbritannien und Geld für ein, zwei Monate in der Tasche.

© Simone Bazley

Sehr viele Freunde von Tamlyn waren oder sind gerade im Ausland. Einige haben dort Karrieren gestartet, die meisten kehren nach zwei Jahren Jobben und Reisen wieder in die Heimat zurück. Jeden Monat findet eine *Farewell*- oder *Welcome*-Party statt, das vorübergehende Auswandern ins sagenumwobene »Übersee« gehört in Südafrika zum Erwachsenwerden dazu.

Manchmal wandern ganze Familien auf der Suche nach sichereren Jobs und weniger Kriminalität mit Sack und Pack aus, am liebsten nach Australien und Neuseeland, wo Alltag und Wetter erträglicher sind als im verregneten London. Und auch viele Einwanderer verlassen Südafrika bald wieder, wenn sich ihr Traum von einem besseren Leben nicht erfüllt. Für jeden, der geht, kommt wieder jemand zurück.

© Anne Bloom

Kommen und Gehen, Abschiedsschmerz und Rückkehrfreude, gehören hier zum Alltag. Sie verleihen Südafrika eine Atmosphäre von Bewegung, Lebendigkeit und Ausnahmezustand.

Ndiyindoda
Er ist ein Mann!

Aus *The Making of a Man:** »*Ndiyindoda!*«, schreie ich wie auf Stichwort. Ich bin ein Mann. In dieser Sekunde trennt der *ingcibi*, der traditionelle Chirurg, über meine Hüfte gebeugt, meine Vorhaut ab.

Das ist überraschend schmerzfrei, außer dass mein Penis juckt. Er reicht die Vorhaut an meinen Vater, der sie wiederum vor mein Gesicht hält. Ich schlucke, wie angewiesen.

Heute ist der Tag, den ich während meiner gesamten Knabenzeit gefürchtet habe. Ein Dutzend Männer steht um mich herum, damit sie mich aufhalten können, falls ich spontan entscheide zu fliehen. »Beine auseinander!«, werde ich schroff angewiesen. Als erwachsener Mann, flehst du einen *umkhwetha*, einen *Xhosa*-Jungen, der gerade ins Mannesalter initiiert wird, nicht an, denn er ist dein Untergebener. Der Befehl soll meine Wunde vor Reibung mit meinen Beinen beschützen. Penibel befolge ich diese Instruktion, bis zum Tag, an dem ich vollständig verheilt bin.

Und so in dieser Haltung, wie eine Krabbe, bewege ich mich durch den niedrigen Türeingang des Chirurgen in meine

provisorisch errichtete Hütte. Im Zentrum brennt ein Feuer, das so lange weiterflackern muss, bis ich meine Initiationsschule beendet habe. Neben dem Feuer liegt eine Decke – mein Bett für die kommenden fünf Wochen. Ich lege mich hin, die Beine immer schön auseinander. Vier Stunden später werde ich geweckt. Die Männer, die den Initiationsprozess überwachen, sind da. Meine Wunde wird freigemacht. Mir ist immer noch nicht wohl dabei, dass ich mein Geschlechtsteil vor einem Dutzend Augenpaaren in der kleinen Hütte auspacken muss. »»»»

---

* Aus: Anonymus, *The Making of a Man*, Mail & Guardian Online, 19. Juli 2002, www.mg.co.za (aus dem Englischen von Elena Beis).

Abakwetha
Das Initiationsritual

Aus *The Making of a Man:* Die älteren Männer erklären mir die Regeln. Ich darf die kommenden sieben Tage kein Wasser trinken. Und auch nicht die Hütte verlassen.

Ich darf nur trockenes *samp* (traditioneller Maisbrei, grobkörniger als *Pap*) essen, ohne Beilagen. Ich darf mich und meine Familie nicht entehren, indem ich in ein Krankenhaus fliehe. Ich muss stoisch ausharren, wie unsere Vorväter, die auch ohne Betäubungsmittel auskamen.

Alles, was die kommenden fünf Wochen hier passiert, ist ein Geheimnis: Es darf niemals besprochen werden, weder mit der Freundin, noch den Brüdern, noch den Unbeschnittenen, noch den anderen Völkern, noch den Müttern. Sonst werde ich vom Mannesdasein wieder exkommuniziert.

Die Option, unbeschnitten zu bleiben, ist unmöglich, wenn du mit *Xhosas* zusammenlebst, weil sie dich ansonsten niemals ernst nehmen. Sogar Nelson Mandela wusste, dass ein unbeschnittener Mann ein Paradox wäre, weil du dann zeitlebens als Junge angesehen würdest.

---

* Aus: Anonymus, *The Making of a Man*, Mail & Guardian Online, 19. Juli 2002, www.mg.co.za (aus dem Englischen von Elena Beis).

Abakwetha sind die jungen *Xhosa*-Männer, die durch den traditionellen Initiationsprozess gehen, um in ihren Gemeinden als Männer akzeptiert zu werden. Die unterschiedlichen südafrikanischen Stämme haben diesbezüglich alle eigene Riten. Gemeinsam ist ihnen, dass die Jugendlichen an einen geheimen Ort gebracht werden, wo sie ohne Betäubungsmittel beschnitten werden und einige Wochen lang in Stammesgesetzen und Bräuchen unterrichtet werden. Sobald sie den Prozess durchlaufen haben, wird in ihren Dörfern ein großes Willkommensfest für sie gefeiert.

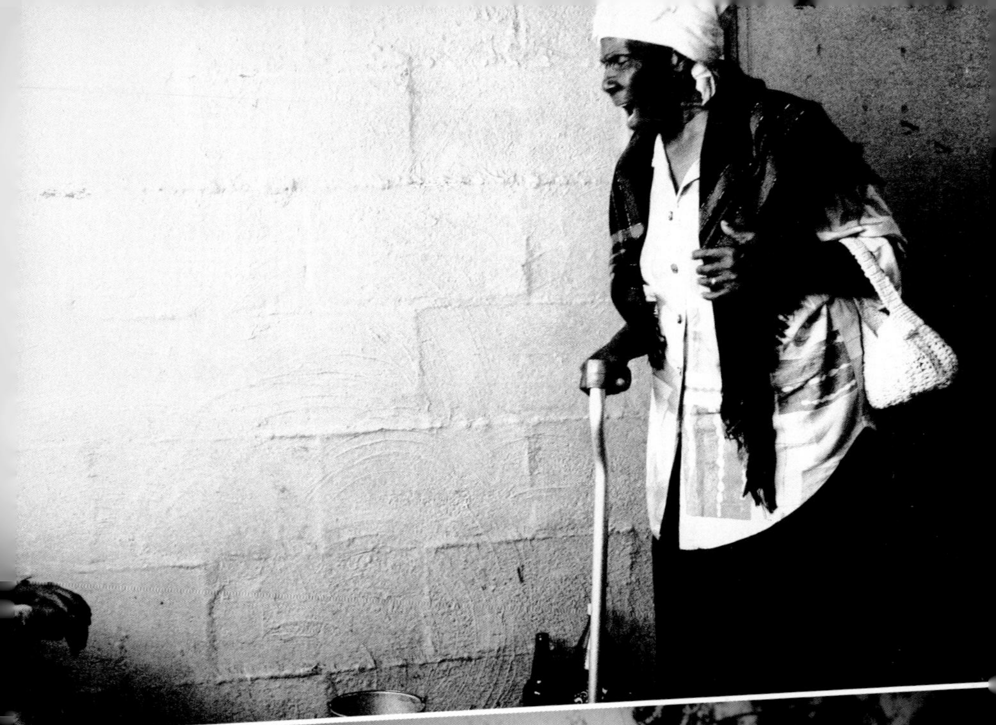

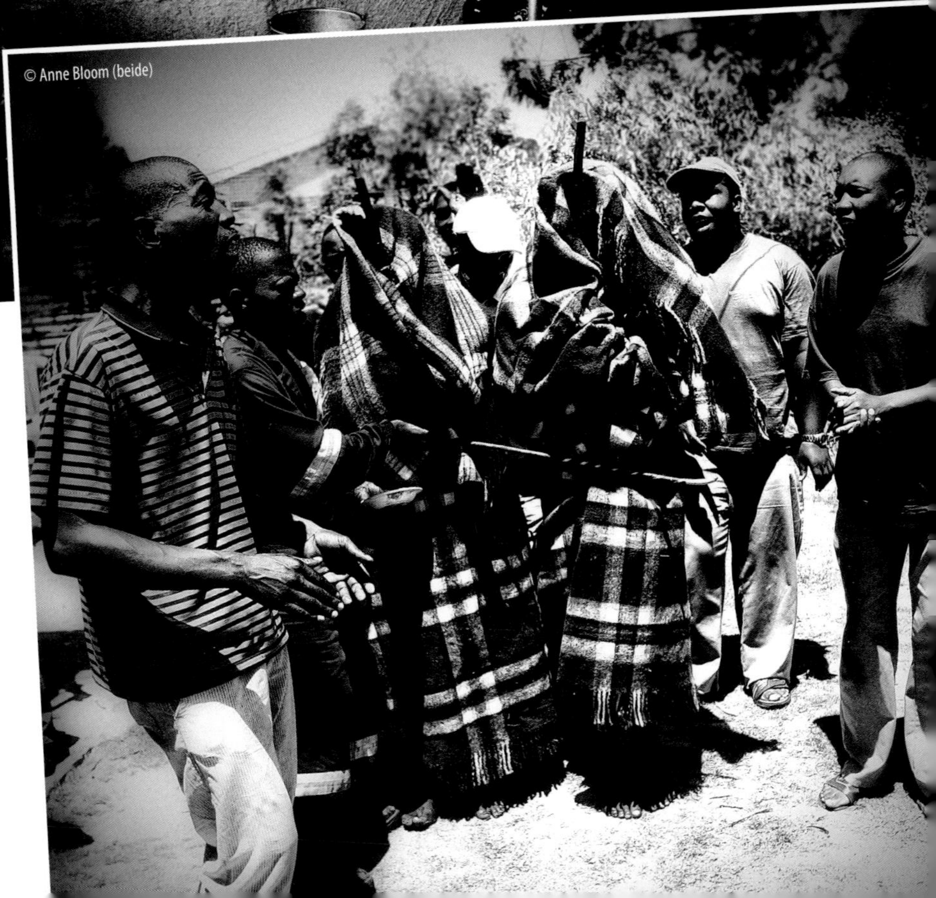

Sangoma
Die Geister, die mich riefen

Credo hat einen hochbegehrten Studienplatz in Durban. Nur wenige *Zulus* seiner Gemeinde schaffen das. Mitten in seinem Lehramtsstudium ruft ihn seine Mutter an, nachdem sie einem seltsamen Traum hat, und bittet ihn, nach *Zululand* zurückzukehren, um wie sein Großvater ein *Sangoma* zu werden.

Absurd, denkt Credo, schließlich ist er mittlerweile nicht nur an einer Universität, sondern auch konvertierter Christ und hat dem *Zulu* Weltbild »der Ignoranz und des Teufels« abgeschworen.

Kurze Zeit später wird Credo krank. Zuerst fühlt es sich wie eine schwere Grippe an. Er hat Fieber, aber das Fieber verschwindet nicht. Knoten bilden sich in seinem Hals, ein stechender Schmerz quält ihn im Magen, er kann nichts essen und verliert bald seine Kräfte. Die weißen Ärzte, die er konsultiert, bemerken zwar seinen schwachen, ausgemergelten Zustand, können aber nichts bei ihm diagnostizieren. Zu Credos körperlichen Symptomen gesellen sich Alpträume und Visionen hinzu, in denen verstorbene Ahnen und alte *Zulu*-Krieger zu ihm sprechen. Auf einmal stellt er fest, dass er die Gedanken anderer Menschen sehen kann und auch erfühlen kann, wenn sie etwas schmerzt.

Erst als Credo dem *Calling* (»Ruf«) seiner Ahnen folgt, seiner Gemeinde als *Sangoma*, als Mittler zwischen ihnen, den Nicht-mehr-Lebenden und den Lebenden zu dienen, bessern sich seine Symptome.

Sangomas sind die traditionellen Heiler, Gelehrten, Priester und Parapsychologen der schwarzen Völker Südafrikas. Sie diagnostizieren Krankheiten, indem sie die Ahnen ihrer Patienten befragen, und verschreiben dagegen das passende *Muthi* (»Kräutermedizin«). Diese Aufgabe suchen sie sich nicht selbst aus. Sie haben ein *Calling* und werden oftmals durch Krankheit und Visionen gezwungen, diesen Weg einzuschlagen. Über 80 Prozent aller Südafrikaner suchen mehrmals im Jahr einen *Sangoma* auf.

Ahnen
Immer ein Mittler in der Mitte

Gugu durchlebt gerade eine wahnsinnige Pechsträhne. Ihr Abitur hat sie nicht bestanden und der junge Mann, in den sie sich unsterblich verliebt hat, geht mit einer anderen aus. Also sucht sie eine *Sangoma* auf, um herauszufinden, was es mit dem Pech auf sich hat.

Die *Sangoma* hört sich Gugus Sorgen an, wippt, singt, atmet Weihrauch ein und vollzieht ein Ritual, das sie für die Geisterwelt empfänglich macht, bis sie endlich Gugus Schutzahnen sehen kann. Es ist eine Urgroßtante von Gugu, die schon lange tot ist. Die *Sangoma* würfelt ein paar Knochen in der Hand und wirft. Der Geist von Gugus toter Großtante veranlasst, dass die Knochen auf eine bestimmte Art fallen, wie eine Metapher, die die geübte *Sangoma* für Gugu nun entschlüsselt.

Die schwarzen Völker von Südafrika glauben, dass Menschen nach ihrem physischen Tod als Geistwesen weiterleben und einen direkten Einfluss auf den Alltag der Hinterbliebenen ausüben. *Sangomas* vermitteln zwischen den Lebenden und den Toten.

Für alle wichtigen Angelegenheiten des Lebens gibt es bei den schwarzen Kulturen Südafrikas einen Mittler. Wenn eine Heirat arrangiert wird, gibt es einen Mittler, wenn ein Geschäft verhandelt wird, gibt es einen Mittler, wenn Unrecht wiedergutgemacht wird, gibt es einen Mittler, wenn Menschen mit ihren Ahnen sprechen, gibt es einen Mittler und so gibt es auch einen Mittler für die Kommunikation mit Gott, dem höchsten Wesen. Diese Mittler sind die toten Ahnen, die als Geistwesen dem Göttlichen schon einen Schritt näher als die Lebenden sind.

© Katrin Anders

Muthi
Medizin gegen alle Wehwehchen

Schnupfen? Migräne? Manische Depression? Erektionsstörung? Am *Faraday Muthi Market* in Downtown Johannesburg gibt es gegen jedes körperliche, psychische, geistige und auch sonstige Leiden das passende *Muthi* (*umuthi* heißt »Baum« auf *isiZulu*).

Muthi, das ist die traditionelle südafrikanische Medizin. Auf dem Markt kaufen *Sangomas*, traditionelle Heiler, für ihre Hausapotheken ein, aber auch Laien, Patienten und sogar Touristen kommen hierher und lassen sich beraten und entsprechend ausstatten.

An hundert überdachten Ständen liegen auf Decken Haufen von Knollen, Blüten, Wurzeln und Stoffsäcke mit getrockneten Kräutern und Samen aus. Auf selbstkonstruierten Holzregalen stehen Gebeine und Schädel von toten Tieren, zum Teil ist ihr Maul aufgerissen und die Haut noch dran.

Der ganze Markt riecht sehr intensiv und sehr esoterisch nach *Impepho*, dem afrikanischen Salbei-Weihrauch. An einem Stand stehen alte Ketchupflaschen mit einer Tinktur, halb gefüllte Marmeladengläser mit einem Pulver, Krokodilzähne und Vogelklauen. Weiter hinten verkauft jemand Plastikflaschen mit einer dunklen Flüssigkeit, die wie Cola aussieht, aber vermutlich alles andere als nach Coca Cola schmeckt.

Im Hintergrund sind Geräusche von Holz und Borke zu hören, die gebrochen, zerhackt und anderweitig verarbeitet werden. Eine Frau bietet zusammengesteckte Puppen mit großen, runden Holzköpfen an. Hinter ihr hängen Tierfelle und Schlangenhäute. Neben *Muthi* werden auch schön dekorierte Sparzierstöcke, Sandalen aus Autoreifen und Glücksbringer mit magischen Kräften angeboten.

Ein männlicher *Sangoma* bietet Besuchern seine Dienste an. Auf einer Rohrmatte sitzend, wirft er Knochen, Muscheln und Nüsse, um so mit den Ahnen zu kommunizieren. Ein *Inyanga* (*isiZulu* für »Medizinmann«) sucht je nach Diagnose das passende Heilmittel heraus: Stacheln vom Stachelschwein für eine schmerzlösende Akupunktur, Kräuterbalsam gegen Neurodermitis und einen dunkelroten Zaubertrank gegen Lustlosigkeit und Liebeskummer.

© Piotr Plecke

Gangster
Es ist nichts, jemanden umzubringen

Aus *Suburban Gangster* von Montle Moorosi:* Es war im Frühjahr 2010 als ich anfing, Stoff quer durch die Stadt zu verkaufen. Für den Handel hatte ich mir auch ein paar funkelnagelneue Arbeitsgeräte zugelegt, darunter einen nigelnagelneuen Laptop, den ich mir mit dem Schotter vom Dealen gekauft hatte.

Wenn ihr etwas über diese schmutzigen Straßen wisst, dann sicher, dass so ein *High-Roller-Nigger* wie ich nicht mit solch verwöhnten Accessoires wie einem Laptop in der Gegend herumspazieren kann, ohne die passende Kanone, um die Güter auch zu beschützen. Ich musste mir unbedingt eine zulegen. Also ging ich zum Chinamarkt und holte mir eine *Taser*, eine Elektroschockpistole. »Wer traut sich jetzt noch, sich mit mir anzulegen?«, sagte ich noch zur Verkäuferin, während ich die Waffe ausprobierte.

Nun stolzierte ich also ganz großtuerisch durch die Straßen, und wenn ich mit meinem *Chevy Spark* und seinen getönten Fensterscheiben durch die *Oxford Street* fuhr, lag die Knarre scharf gemacht auf meinem Schoß, bereit für *Hijackers* (»Autoentführer«) und pseudoblinde Diebe, die zu nah an mich herantraten.

Shit, es ist wirklich nichts, jemanden umzubringen. Nigger sterben hier jeden Tag, yo! »»»

---

* Aus: Montle Moorosi, *Suburban Gangster*, in: Mahala Magazine 3, Januar 2012, S. 71-72 (aus dem Englischen von Elena Beis). **Montle Moorosi** ist ein südafrikanischer Autor, DJ und Redakteur des Mahala Magazine.

Gangsterism (»Bandenunwesen«) ist ein großes Problem in Südafrika. Hunderte Menschen verlieren jedes Jahr ihr Leben, oftmals auch Unbeteiligte, die ins Kreuzfeuer geraten. In der Westkap-Provinz gehören 120.000 Jugendliche einer Bande an. Die Gangs sind hierarchisch strukturiert und finanzieren sich über Drogenhandel, Auftragsmord, Prostitution und Schutzgelderpressung.

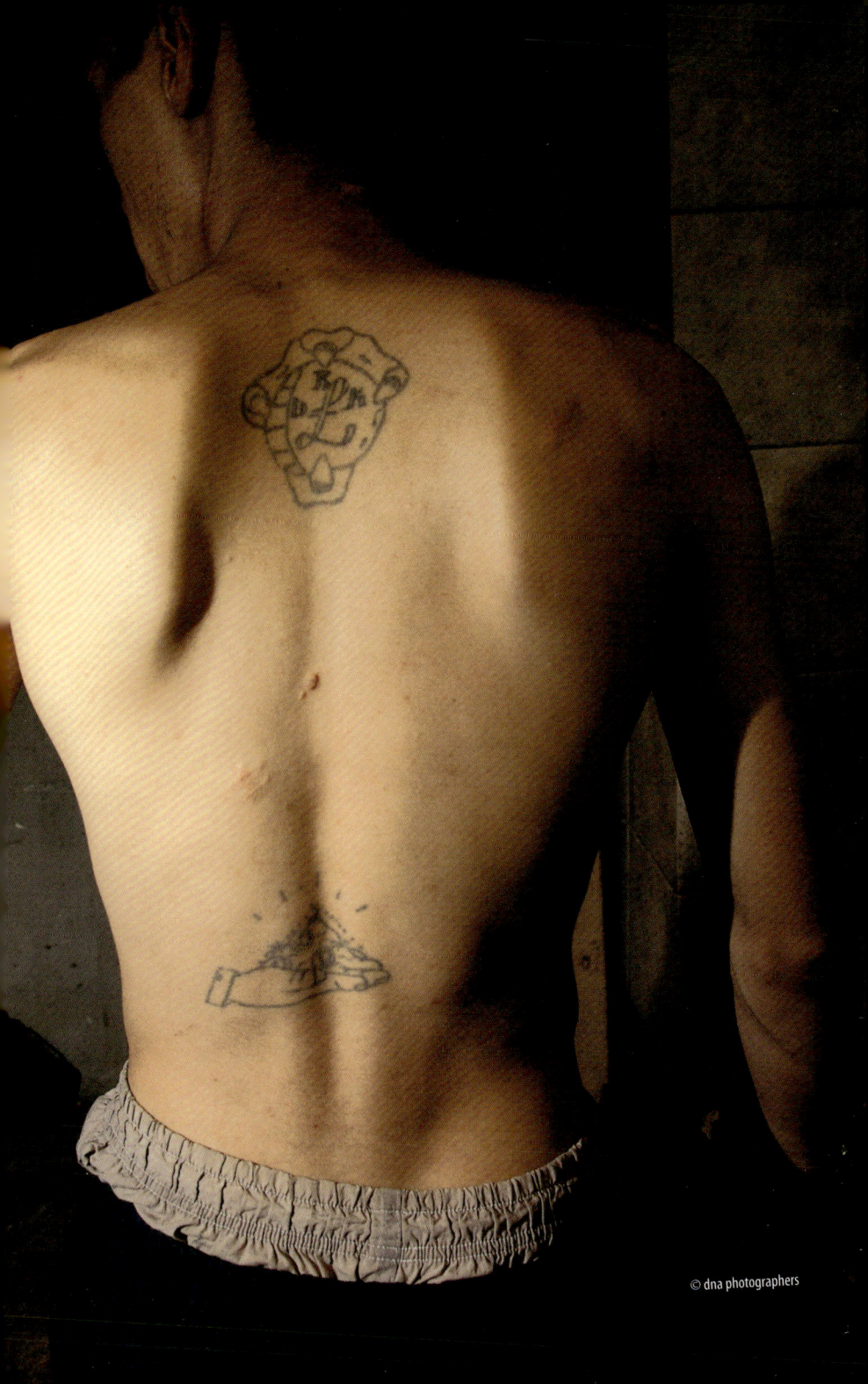

Waffen
Sprache der Straße

Aus *Suburban Gangster* von Montle Moorosi:*
Jeder Waffenbesitzer kennt das: Sobald die
Leute realisieren, dass du eine Knarre hast,
gehen sie anders mit dir um. Wir alle wissen,
gefürchtet zu werden ist wesentlich effekti-
ver als geliebt zu werden, und ich hatte die
feste Absicht, mit Furcht zu regieren. Feuernde
Waffen, Schwänze und Messer gewetzt,
bereit, die Welt fertigzumachen.

Bereit, die Schlampen aufzumischen, stieg ich
in meinen *Chevy* und setzte mich fest auf. Ich
hörte ein lautes Knirschen, einen aufbrausen-
den Donner, dann war überall um mich herum Rauschunterdrückung. Auf einmal fühle
ich mich, als ob der Teufel vom Boden aus in
meinen Körper hineinkriecht, seine dicke nasse
rote Zunge gerade noch mein Arschloch ver-
passt und stattdessen meine rechte Arschbacke
watscht. Zusammenzuckend stieß mein Körper
gegen das Dach des Autos während die Haken
meines batteriebetriebenen Luzifers Schock-
wellen durch meinen Körper sandten. Dann
wurde mein ganzer Körper taub, Speichel sam-
melte sich in meinen Mundwinkeln. Diese große schwarze Beule in meiner Hosentasche, von
der ich dachte, sie sei mein Geldbeutel, war in
Wirklichkeit meine Elektroschock-Knarre. Ich
hatte vergessen, den Schutzknopf einzuschalten.

Ich spürte einen Dunst an meinen Schenkeln
und sah den feuchten Fleck um den Schritt meiner Jeans.

Yo – ich hatte mir in die Hose
gemacht.

Waffen: Illegale Waffen sind in
Südafrika ebenso einfach wie billig
zu bekommen – jeder kann sich für
umgerechnet 20 Euro im Township
eine Waffe besorgen. Die Zugäng-
lichkeit zu Waffen hat zu einem An-
stieg bewaffneter Autoüberfälle und
Hauseinbrüche geführt.

---

* Aus: Montle Moorosi, *Suburban Gangster*, in: Mahala
Magazine 3, Januar 2012, S. 71-72 (aus dem Englischen von Elena Beis).

Tsotsi
Ganoven und Gangsterbräute

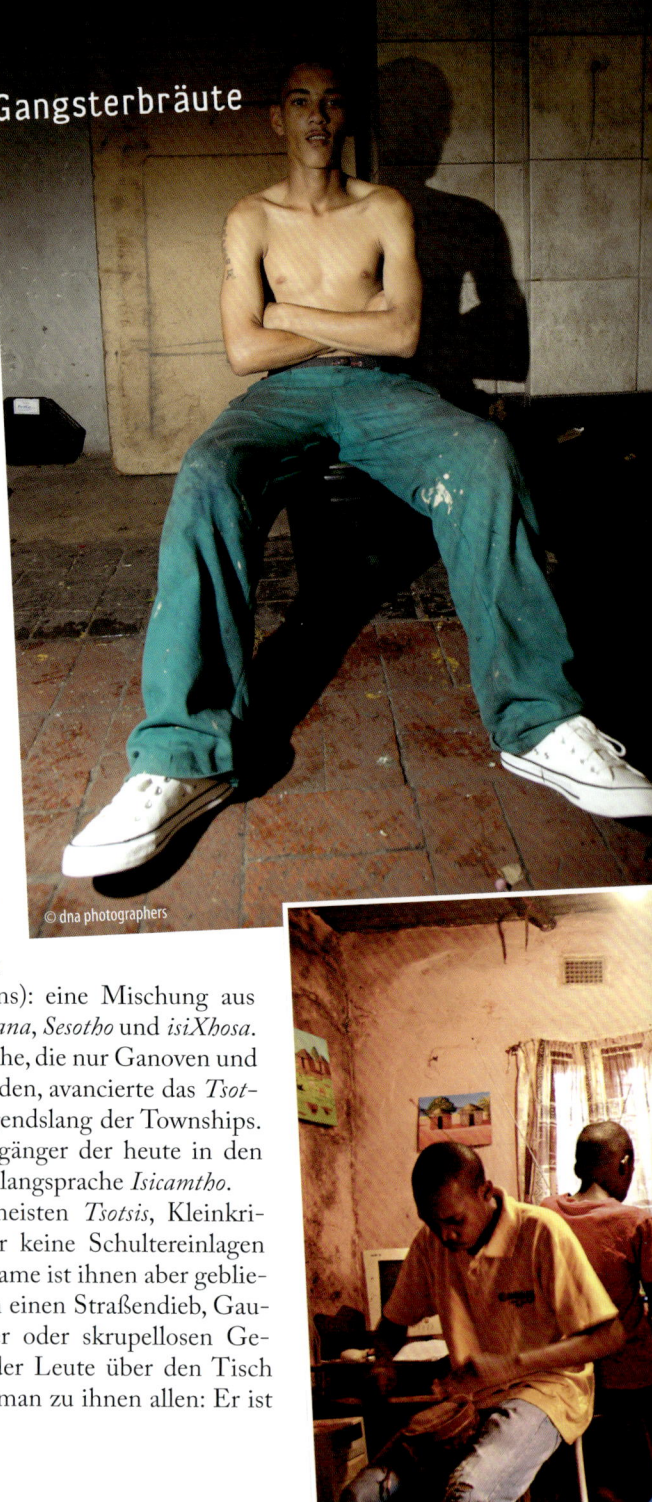

Glitzernde, maßgeschneiderte Anzüge und wattierte Schultereinlagen: Daran erkannte man früher im Township einen *Tsotsi*.

Im Gegensatz zur arm gehaltenen Restbevölkerung konnten sich *Tsotsis* aufgrund ihrer geldeinbringenden Geschäfte den Glitzer leisten. Und so kamen sie auch zu ihrem Namen. *Tsotsa* heißt auf *Sesotho* »sich auffällig und schillernd kleiden«.

Tsotsis entwickelten damals auch eine eigene Sprache, das *Tsotsi-Taal* (*taal* heißt »Sprache« auf Afrikaans): eine Mischung aus Afrikaans, *isiZulu*, *Tswana*, *Sesotho* und *isiXhosa*. Von einer Geheimsprache, die nur Ganoven und Gangsterbräute verstanden, avancierte das *Tsotsi-Taal* schnell zum Jugendslang der Townships. *Tsotsi-Taal* gilt als Vorgänger der heute in den Townships populären Slangsprache *Isicamtho*.

Heute tragen die meisten *Tsotsis*, Kleinkriminellen und Gangster keine Schultereinlagen mehr, der schillernde Name ist ihnen aber geblieben. Egal ob es sich um einen Straßendieb, Gauner, korrupten Politiker oder skrupellosen Geschäftsmann handelt, der Leute über den Tisch zieht, hierzulande sagt man zu ihnen allen: Er ist ein *Tsotsi*.

© dna photographers

Isicamtho

Fuck you, Apartheid!

Man nehme *isiZulu*, *Sesotho*, Afrikaans, *isiXhosa* und ein bisschen ostafrikanisches Kisuaheli, menge etwas Französisch unter und sehr viele Anglizismen, schmücke alles noch mit ein paar Assoziationen und Wortneuschöpfungen aus, intoniere mit Selbstbewusstsein und Lässigkeit.

Et voilà: Schon hat man *Isicamtho*, den jungen, frechen, wandelbaren, dynamischen Sprachjargon der polyglotten Johannesburger Townships. Das Wort *Isicamtho* stammt aus dem *isiZulu* und heißt »die Sprache zum Reden«, also Umgangssprache.

Zur Begrüßung sagt man auf *Isicamtho* »*Ola joe!*« (»Hallo, mein Freund!«) oder »*Heyta!*« (»Hi!«), zur Verabschiedung »*Tshawuza!*« (die Afrikanisierung von »**Ciao**«) oder auch »*Babayini!*« (»Bye-bye«, African-style). »*Unefiva*« heißt »*she has a fever*« (sie hat Fieber) und »*Whu-a! Ndibizi!*« ist Township-Slang für »*Wow! I am busy.*«

Isicamtho ist ein Slang, der sich täglich wandelt, es ist die Mischmasch-Muttersprache der jungen städtischen Generation und vor allem Stinkefinger an die sogenannten Apartheidarchitekten, die durch die Schaffung von Ghettos alle Rassen, Sprachen und Kulturen strikt voneinander trennen wollten. Ausgerechnet in den von ihnen gebauten Townships ist ein einzigartiger Slang entstanden, der sprachlich jede noch so mühsam errichtete Barriere problemlos und augenzwinkernd durchbricht.

© Simone Bazley

Aus *I Am Makwerekwere* von Alois Rwiyegura:* Zuerst dachte ich, jemand verwechselt mich mit jemandem, dessen Name *Makwerekwere* ist. Ich frühstückte gerade im *Time Square Café*, mitten im *Makwerekwere*-Mikrokosmos, zu denen die Johannesburger Stadtteile Yeoville, Berea und Hillbrow mittlerweile geworden sind.

Mein Tischnachbar schaute mich an und sagte: »Guten Morgen, *Makwerekwere!*«, mit einem breiten Grinsen im Gesicht. Ich erwiderte das warmherzige Lächeln und erklärte, dass ich Alois heiße und *Makwerekwere* nicht kenne.

Im Laufe dieses Morgens scharten sich mehr und mehr Menschen im *Time Square Café*. Fast alle Länder Afrikas waren vertreten. Algerier teilten den Tisch mit Berbern und Arabern. Die Oromos saßen dagegen so weit weg von ihren Landsleuten aus Äthiopien, den Amharas und Tigrinyas, wie sie nur konnten. Die Kongolesen, wie immer sehr elegant gekleidet, unterhielten sich am angeregtesten.

Erfreulicherweise sind die Grenzen dieser unsichtbaren afrikanischen Territorien durchlässig. Und das macht das *Time Square Café* in Johannesburg so anziehend. »»»»

---

* Der Text *I Am Makwerekwere* ist am 9. März 2005 in der südafrikanischen Wochenzeitung *Mail & Guardian* erschienen (aus dem Englischen von Elena Beis). **Alois Rwiyegura** ist ein ruandischer Journalist. Er lebt und arbeitet in Johannesburg.

Makwerekwere
Fremdenfeindliche Paranoia

Aus *I Am Makwerekwere* von Alois Rwiyegura:*
Später am selben Tag traf ich einen Freund
aus Kamerun und witzelte, wie seltsam ein
paar Namen doch klingen: »Stell dir vor,
jemand hat mich heute am *Times Square*
mit einem Typen namens *Makwerekwere*
verwechselt.«

Statt loszulachen, wie ich es erwartete, ver-
finsterte sich seine Miene: »Er hat dich nicht
verwechselt. *Makwerekwere*, das bist du. Du
und alle Ausländer. Nein, nicht alle Ausländer
– nur die schwarzen.« Er war sehr überrascht
über meine Naivität: »Nächstes Mal, wenn
du dieses Wort hörst, mein Freund, renn so
schnell du kannst.«

Seitdem habe ich es sehr oft gehört. [...]

Mein südafrikanischer Freund George
ist vor Kurzem aus dem Exil nach Südafrika
zurückgekehrt. Er liebt *le rouge* und Camem-
bert, raucht nur Gauloises, verachtet *Mogodu*,
das beliebte südafrikanische Innereiengericht,
ebenso wie die *Protea* (Südafrikas National-
pflanze, siehe Seite 252), dafür vermisst er
schrecklich das Pariser *Quartier Latin*.

Letztens klingelte mein Telefon und George
lachte am anderen Ende. Ihm habe ich alle meine *Makwerekwere*-Geschichten erzählt. »Guten
Morgen *Makwerekwere*!«, witzelte er.

Da fragte ich ihn, wer von uns beiden eigent-
lich mehr *Makwerekwere* sei – und ob dies denn
wirklich von Bedeutung sei.

Makwerekwere: Ein südafrikanisches Schimpfwort für ausländische Afrikaner. Das Wort erregte
viel Aufsehen während der xenophobischen Attacken im Jahr 2008, als 62 afrikanische Ausländer
von Mobs getötet wurden. In manchen Elendsvierteln führten Vorurteile und die Angst, die wenigen zur Verfügung stehenden Ressourcen und
Jobs an die vielen Einwanderer aus Afrika zu verlieren, zu gewalttätigen Angriffen auf Ausländer.

---

* Der Text *I Am Makwerekwere* ist am 9. März
2005 in der südafrikanischen Wochenzeitung *Mail & Guardian* erschienen (aus dem
Englischen von Elena Beis).

Tokoloshe
Achtung! Böser Gnom!

»**Ein *Tokoloshe* ist extrem hässlich.** Es ist eine Mischung aus Tier und Mensch. Du kannst es nicht sehen, und wenn du es siehst, kannst du daran erblinden.«
Ein Einwohner aus Soweto, Johannesburg

»**Ein *Tokoloshe* ist jemand, der gestorben ist.** Zauberer können sie auferwecken und unsichtbar machen. Sie sollen andere Menschen bestrafen und beklauen.«
Frau aus Soweto, Johannesburg

»Ich lebe auf dem Land in der Nähe zu Botswana. Meine zukünftige Frau ist schwanger, ohne dass wir den Akt vollzogen haben. **Ihr Vater sagt, der *Tokoloshe* hat sie geschwängert und dass wir so schnell wie möglich heiraten müssen.** Ich möchte aber nicht der Vater eines Tokoloshe-Kindes sein.«
Südafrikanisches Online-Forum, 2009

»*Tokoloshe* klaut seit fünf Jahren meine Lebensmittel«
Queen Magagabe in: The Daily Sun, 2009

> Der ***Tokoloshe*** verbreitet in Südafrika Angst und Schrecken. Viele Menschen sind von seiner Existenz überzeugt. Hunderte Mythen ranken sich um ihn. Wenn alle schlafen, kriecht er unter dem Bett hervor, um zu stehlen, zu quälen, zu vergewaltigen, manchmal sogar zu töten. Der *uTikoloshe (isiXhosa)* kann sich unsichtbar machen, indem er einen Kieselstein verschluckt.

»**Ein schwuler *Tokoloshe* hat mich mit AIDS infiziert.** Seit 10 Jahren terrorisiert uns ein Tokoloshe. Jede Nacht besucht uns die Kreatur. Es hat mit uns beiden Geschlechtsverkehr. Bei mir tut es so, als sei es mein Mann, und bei meinem Mann tut es so, als sei es ich. Und dann springt es auf uns und schläft mit uns. Wir können es nicht sehen, aber wir können es fühlen.«
The Daily Sun, 31. März 2006

»***Tokoloshe*-Mörder wird zu sieben Jahren Haft verurteilt.**« Das Gericht in Port Elizabeth hat einen Mann zu sieben Jahren Haft für den Mord an einem zweijährigen Jungen verurteilt. Nkathu stach 38 Mal auf das Kind ein, nachdem seine Freundin den Jungen neben ihn ins Bett gelegt hatte. Als er gegen 23 Uhr nachts aufwachte und den Jungen sah, dachte er, es ist ein Tokoloshe.«
Die Burger, 28. Oktober 2005

she lost her job, she lost her husband
she lost her house in six years of hell

TERROR BY
TOKOLOSHE

By BRIDGET MASANGO and SIPHO KEKANA

IT WALKS the house by night and insults her family in a scary voice.

It throws stones at her windows when it arrives.

hairy legs accompanied by a frightening voice.

"The creature started chasing us away to our bedrooms. It said it wanted to prepare supper in the kitchen."

After some minutes, the crea-

...OLOSHE
...S A

Clever tra...
nails thief

By CHRIS QWAZI

CASH and groceries kept disappearing from his locked house – but there was no sign that any human being had forced an entry.

Finally he realised he must be the victim of a tokoloshe . . .

SO HE SET A TRAP FOR THE EVIL THIEVING CREATURE!

And what he caught in the trap came as a complete suprise!

Mfanelo Ncelwane (29) from KwaNdokwendza, Port Elizabeth in the Eastern Cape told *Daily Sun*: "This started in July last year when I put aside R150 for my taxi fare, and when I came home from work R50 was missing.

"But my house was still locked!

"The next day some sugar and rice were missing as well as some meat from

"One day I got a takeaway chicken left it on the table while I visited my par... When I came back the tokoloshe had e... most of it.

"I stopped buying groceries in bu... cause I was convinced that the toko... was stealing from me.

"I changed the lock on the door – bu... also didn't help.

"I was very afraid and I couldn't focus on my sales duties, so as a result I lost my job in December."

Last week Mfanelo was away for the weekend and when he got back his door was unlocked.

"My sound system was missing ... tem was missing ... I realised

Carguard
Chef der Parklücke

Jules Maketa, 26, kommt aus der Demokratischen Republik Kongo und arbeitet in der Kapstädter Innenstadt als *Carguard* (»Autowächter«).

Braucht Kapstadt *Carguards*?
Ja, weil wir die Einzigen sind, die nachts darauf aufpassen, dass niemand in die Autos einbricht. Aber nicht alle geben uns etwas dafür.

Wie viel Geld sollte man einem *Carguard* denn geben?
Wenn jemand die ganze Nacht aufbleibt, um nach deinem Auto zu schauen, solltest du ihm natürlich etwas geben. Wie viel, entscheidest du je nachdem, was du hast. Zwei Rand (20 Cent) sind okay, auch fünf Rand, auch zehn Rand, auch 20 Rand (2 Euro) – wie du willst.

Wie sind deine Arbeitszeiten?
Montag bis Samstag von sechs Uhr abends bis fünf Uhr morgens.

Verdienst du als *Carguard* genug um zu überleben?
Das hier ist kein richtiger Job. Aber ich bekomme so etwas Geld zusammen, damit ich essen kann.

Was für eine Arbeit hast du gemacht, als du noch im Kongo gelebt hast?
Ich habe Autos repariert. Das war mein Job seitdem ich 12 Jahre alt war. Mein Bruder hat mir das beigebracht. Aber wenn ich hier Autos reparieren will, sagen sie: »Wo sind deine Papiere?«

Wenn du eines Tages deine Papiere hast, was für einen Job würdest du gerne machen?
Ich wäre sehr dankbar und glücklich, egal welchen Job ich machen kann.

Potjiekos
Der Langsamkochtopf

Fingerfood? Schnellkochtopf? Mikrowelle? Fehlanzeige. Die zweitliebste Speise der Südafrikaner nach dem *Braai* (siehe Seite 278) wird in einem antiquierten, dreibeinigen, gusseisernen Topf zubereitet.

Über einer Feuerstelle. Und sie nimmt mehrere Stunden in Anspruch. Der *Potjiekos* [poikikos] ist, wie sein Afrikaanser Name (»ein Topf mit Lebensmitteln«) schon andeutet, ein Eintopf.

Potjiekos kann mit Lamm, Rind, Huhn, Fisch und Gemüse zubereitet werden. Entscheidend ist bei der Zubereitung folgendes: Alle Zutaten müssen geschichtet werden – was länger gekocht werden muss (z. B. Kartoffeln) kommt nach unten, was kürzer braucht (z. B. Spinat) nach oben.

Zweitens: Wenn alle Zutaten einmal im Topf sind und der *Potjie*-Topf über die Kohleglut gestellt wird, darf der Topf erst wieder geöffnet werden, wenn alles fertig gekocht ist, damit keine Flüssigkeit und vor allem keine Aromen entweichen. Man muss also vor dem Kochen darauf achten, die richtige Menge an Flüssigkeit hinzufügen.

Und drittens: Ein *Potjiekos* darf nur über einer Glut köcheln, niemals über einem offenem Feuer. Und so macht man einen

Hühnchen-*Potjie*

10	Hähnchenschenkel
6	große Karotten, in Stücke geschnitten
12	kleine Kartoffeln
1	kleiner Kohl, gehackt
½	kleiner Kürbis, gewürfelt
30 ml	Speiseöl
2	Zwiebeln
2	Knoblauchzehen
45 ml	Chutney
	Salz & Pfeffer
1 EL	gemischte Kräuter
1 Dose	Mais, nicht abgetropft
125 ml	lieblicher Weißwein

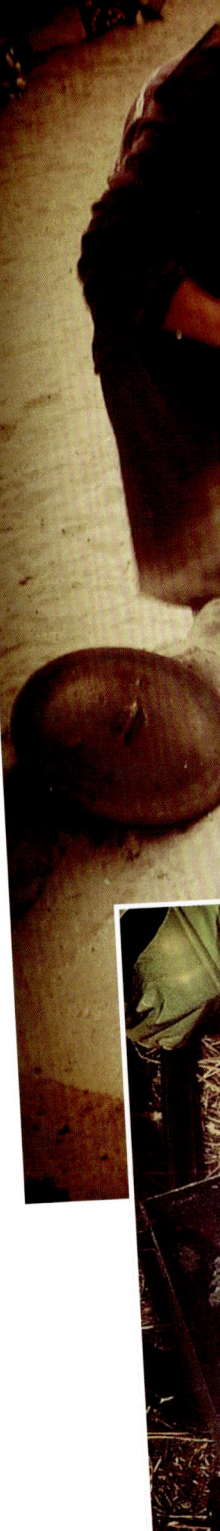

Zubereitung

Zwiebel, Knoblauch und Hähnchenschenkel ca. 30 Minuten im Öl anbräunen. Chutney, Salz, Pfeffer und Kräuter vermischen und zum Hühnchen geben. Gemüse über dem Fleisch aufschichten, Wein und Mais darüber schütten.

  Potjie-Deckel verschließen und alles 1½-2 Stunden köcheln lassen. Mit Reis oder Nudeln servieren.

uBuntu
Ich bin, wer ich bin, weil wir sind, wer wir sind

Aus _God Has a Dream_ von Desmond Tutu:* In meinem Land haben wir etwas, das _uBuntu_ heißt. Wenn ich dich loben will, dann sage ich: dieser Mensch hat _uBuntu_.

uBuntu ist ein ethisches Prinzip. Es ist die Essenz dessen, was es heißt, ein Mensch zu sein. Es heißt, dass ich erst durch andere ein Mensch bin. Dass meine Menschlichkeit untrennbar mit deiner verbunden ist. Dass ich menschlich bin, weil ich dazugehöre. Dass ich dich brauche, damit ich ich selbst sein kann. So etwas wie ein isoliertes Individuum gibt es in unserer Kultur nicht.

uBuntu sagt also etwas über Ganzheit, aber auch über Mitgefühl aus. Ein Mensch mit _uBuntu_ ist einladend, gastfreundlich, warm und großzügig, bereit zu teilen. Er ist offen, für andere da und bestärkt andere. Er fühlt sich nicht dadurch bedroht, dass andere fähig und gut sind, denn er hat genug Selbstbewusstsein, weil er weiß, dass er Teil eines größeren Ganzen ist. Menschen mit _uBuntu_ wissen, dass sie selbst herabgesetzt werden, wenn andere erniedrigt werden, wenn andere unterdrückt werden, wenn andere behandelt werden, als seien sie weniger wert, als das, was sie in Wirklichkeit sind. _uBuntu_ gibt Menschen Ausdauer und befähigt sie, zu überleben und menschlich zu bleiben, selbst wenn man versucht, ihnen ihre Menschlichkeit zu rauben.

Wenn die Welt mehr _uBuntu_ hätte, gäbe es keine Kriege. Wir hätten kein riesiges Gefälle zwischen Reich und Arm. Laut _uBuntu_ bist du reich, damit du ausgleichen kannst, was anderen fehlt. Du hast Macht, damit du den Schwachen helfen kannst, so wie eine Mutter ihrem Kind hilft.

uBuntu (_isiXhosa_ für »ich bin, wer ich bin, weil wir sind, wer wir sind«) ist eine ethisch-humanistische Lebensphilosophie aus dem südlichen Afrika, die aus afrikanischen Überlieferungen heraus im alltäglichen Leben praktiziert wird.

Der einzige Weg, wie wir menschlich sein können, ist zusammen. Der einzige Weg, wie wir sicher sein können, ist zusammen. Der einzige Weg, wie wir frei sein können – ist zusammen. Das ist die Logik von _uBuntu_.

---

* Aus: Desmond Tutu, _God Has a Dream_, 2004 (aus dem Englischen von Elena Beis). **Desmond Tutu** ist anglikanischer Erzbischof und Friedensnobelpreisträger.

Nkosi sikelel' iAfrika

Gott segne Afrika

Nkosi sikelel' iAfrika, Südafrikas neue Nationalhymne, wird seit 1996 gesungen und besteht aus den fünf meistgesprochenen Sprachen des Landes:

isiXhosa

Nkosi sikelel' iAfrika	Herr, segne Afrika.
Maluphakanyisw' uphondo lwayo	Gepriesen sei dein Reich.

isiZulu

Yizwa imithandazo yethu,	Erhöre unsere Gebete.
Nkosi sikelela, thina lusapho lwayo.	Herr, segne uns, deine Familie.

Sesotho

Morena boloka setjhaba sa heso,	Herr, beschütze dein Volk,
O fedise dintwa le matshwenyeho,	Beende du Kriege und Zwistigkeiten.
O se boloke, O se boloke setjhaba sa heso,	Beschütze du, Herr, dein Volk;
Setjhaba sa South Afrika, South Afrika.	Volk von Südafrika, Südafrika.

Afrikaans

Uit die blou van onse hemel,	Aus dem Blau unseres Himmels,
Uit die diepte van ons see,	Aus der Tiefe unserer See
Oor ons ewige gebergtes,	Über unseren ewigen Bergen
Waar die kranse antwoord gee.	Wo die Gipfel Antwort geben.

Englisch

Sounds the call to come together,	Klingt der Ruf der Einigkeit
And united we shall stand,	Und zusammen wollen wir stehen,
Let us live and strive for freedom,	Lasst uns leben und nach Freiheit streben,
In South Africa our land.	In Südafrika unserem Land.

African Time
Jetzt ist nicht gleich jetzt

Ihre elastische Beziehung zur Zeit und Zeitangaben wie »jetzt« und »auf die Minute« kommunizieren Südafrikaner via entsprechenden Sprachcode.

Das hat alltagspraktische und organisatorische Gründe, schließlich möchte niemand falsche Erwartungen wecken. Der Zeitcode ist landesweit einheitlich und wird kulturweit verstanden. Nur Zugereiste reagieren zunächst verärgert, weil sie fälschlicherweise annehmen, Abmachungen würden nicht eingehalten. Dabei haben sie nur die zeitlichen Absprachen, sprich den Code, missverstanden.

Just now

Just now deutet an, dass eine Handlung gegebenenfalls/theoretisch/irgendwann einmal ausgeführt wird, dabei aber die sehr reale Alternative existiert, dass dieses »irgendwann« niemals eintritt, sprich sich kein passender Moment ergeben wird. Wenn jemand *just now* sagt, wird etwas sehr vermutlich niemals eintreffen. *Just now* wird gerne in Zusammenhängen wie den folgenden benutzt: »Ich räume mein Zimmer *just now* auf, Mama« oder auch: »Wir gehen Ihrer Beschwerde *just now* nach.«

Now

Now bedeutet alles außer eins: jetzt sofort. Es heißt: »Ich denke einmal darüber nach und entscheide dann, wann ich das mache.« Und das kann dann in 40 Minuten, 12 Stunden oder auch irgendwann in der ungewissen Zukunft liegen.

Now now

Now now ist eine ernstzunehmende Aussage. Der Sprecher hat die volle Absicht, das von ihm Verlangte baldmöglichst, sprich in den kommenden zehn bis dreißig Minuten, zu erledigen. Jetzt bleibt nur noch zu hoffen, dass keine Ablenkungen dazwischenfunken, die den Sprecher das Objekt zum Dringlichkeitsniveau *now* zurückstufen lassen.

Now now now

Ein *now now now* ist immer Anlass für Freude und Erleichterung. Der Empfänger hat die Dringlichkeit des Anliegens klar erkannt und wird definitiv unverzüglich handeln. Ein Fallbeispiel:

Chef: »Der Praktikant ist schon drei Stunden zu spät!«

Sekretärin: »Ich habe ihn soeben noch einmal angerufen. Er sagt, er sucht gerade einen Parkplatz und kommt dann *now now now*.«

© Piotr Plecke

South African Slang
Von Goggas, Skollies und Indabas

Südafrikaner haben nicht nur die englische Sprache den südafrikanischen Gegebenheiten angepasst – ein Brite könnte geneigt sein zu sagen seine Sprache wurde ausgehöhlt –, sie haben sich auch an den zahlreichen linguistischen Traditionen der Einwohner ihres Landes großzügig bedient.

Jeder waschechte Südafrikaner streut ins Englische Vokabeln und Satzfetzen aus dem Afrikaans, *isiZulu* und den zehn anderen Sprachen ein.

Und so hat sich in Südafrika für »Insekt« charmanterweise das Wort *gogga* aus dem *Khoikhoi* etabliert (das *gg* wird im *Khoikhoi* übrigens wie das deutsche »ch« ausgesprochen), für Großmutter *gogo* (aus dem *isiZulu* »ugogo«), Messen sind *indabas* (aus dem *Zulu* »indaba«: »eine Angelegenheit, die besprochen werden muss«), Maiskolben sind *mielies* (aus dem Portugiesischen »milho«), Maismehl folglich *mielie meal* (statt »corn meal«, wie in England), Regierungsbesprechungen und Strategiesitzungen heißen *lekgotlas* (*Sesotho* für »Hofbesprechung«), Ladendiebe sind *skollies* (vom altgriechischen Adjektiv *skolios* für »krumm«), Sandwiches sind *zaamies* und Badeanzüge *cozzies* (südafrikanisches Kosewort für »*swimming costume*«).

© Lino Steenkamp

Eish

Wie konnte das nur passieren?

Missgeschicke, Unwägbarkeiten und Widersprüchlichkeiten gehören zum südafrikanischen Alltag. Aus alltagspraktischen Gründen gibt es hierfür eine kurze, aber sehr aussagekräftige Vokabel: *Eish!* [aysh]

Eish ist das Wort der Wahl in einem Moment der Verwunderung, der Ratlosigkeit, der Entrüstung, der Betretenheit oder auch der resignierten Kenntnisnahme von Dingen, die sich nicht ändern lassen. Hier ein paar Beispiele:

»*Eish*. Schon wieder ein Stromausfall.«

»Die Stoßstange ist verkratzt. Hast du eine Ahnung, wie das passiert ist?« – »*Eish*.«

»Ich bin gerade durch den Hinterhof gelaufen. Die Angestellten sitzen unter den Bäumen und zeigen sich gegenseitig die vertraulichen Fragebögen.« – »*Eish*.«

»Robert Mugabe darf in Südafrika ein- und ausreisen, aber der Dalai Lama ... *Eish!*«

»Sipho baggert da hinten die Frau die Chefs an.« – »*Eish*.«

»Heute Abend wird beim Junggesellenabschied an der Stange getanzt.« – »*Eish!* Bist du verrückt, Mann?«

»Wir führen eine offene Beziehung.« – »*Eish*. Dein Mann und du habt nicht alle Tassen im Schrank.«

»*Eish*. Ich muss dir etwas sagen. Ich glaube der Typ auf deiner Gartenliege draußen atmet nicht mehr ...«

Brother
Dein Boet, Bhuti und Bru

Der Passant, der Bekannte, der Freund, der Kollege, der Nachbar, der Supermarktverkäufer, der *Carguard*, der Cousin, der Schwager: alle sind sie Brüder.

Die Anrede *Brother* bezieht sich in Südafrika weitaus häufiger auf Cousins dritten Grades und Saufkumpanen als tatsächliche Blutsbrüder. Angesichts elf offizieller Sprachen und ebenso vieler Slangs gibt es in Südafrika mehr Vokabeln für »Bruder« als in jedem anderen Land. Die meistbenutzten sind *Brother* (Englisch), *Boet* (Afrikaans), *Bhuti* (isiXhosa) und *Bru* (Slang). Hier ein paar Beispiele:

»Hab eine gute Reise, *Brother*.«
　　»Du auch, *Bru*.«

»Oh Mann. Dieser niederländische *Boet* macht uns ständig Ärger.«

»Willst du deinem *Brother* nicht mit fünf Rand aushelfen?«

»*Boet*, bist du bereit?«
　　»So gekleidet gehe ich nirgendwo hin, *Bru*.«
　　»Warum, magst du etwa keine Miniröcke?«
　　»Nein, *Bru*, nicht wenn ich sie selbst tragen muss.«

© Lino Steenkamp

Lekker
Alles bombig

Lekker ist die erschöpfend verwendete Mehrzweckvokabel aus dem Afrikaans für jeden und alles, was schön, verlockend und erfreulich ist:

»*This pasta was pretty damn lekker.*« (»Diese Pasta war köstlich.«)

»*Guess what? I won the first prize!*« – »*Lekker man!*« (»Stell dir vor! Ich habe den ersten Preis gewonnen!« – »Toll gemacht!«)

»*Did you see this guy in the shoe store? So lekker.*« (»Hast du diesen Typen im Schuhladen gesehen? Verdammt heiß.«)

»*I have a lekker life.*« (»Ich habe ein wunderbares Leben.«)

»*I want to buy something lekker for my wife.*« (»Ich möchte meiner Frau etwas ganz Besonderes kaufen.«)

»*This tune is lekker.*« (»Diese Musik rockt.«)

»*Have a lekker day!*« (»Hab einen schönen Tag!«)

»*Sounds lekker.*« (»Das klingt großartig.«)

Howzit
ABC der Begrüßung

Howzit ist Südafrikas magische Begrüßungsformel und die berühmteste, typischste und landesweit meistverwendete Vokabel.

Die ultimativ verknappte Version des Englischen: »Hello, how is it going?« Zu Deutsch: »Hallo, wie geht es dir? Und was treibst du gerade so?«. *Howzit* kombiniert maximale Höflichkeit mit minimalem Zeitaufwand.

Die angesprochene Person antwortet gewöhnlich auch nur mit *Howzit*, damit der freundliche Frager sein Schritttempo nicht drosseln muss, um eine Antwort abzuwarten. Der Subtext: »Ich habe gerade weder Zeit noch Energie anzuhalten, um mich mit dir länger zu unterhalten, aber ich biete dir dieses *Howzit* als Zeichen meines Interesses und meiner Freundlichkeit an.«

Einen *Local* (»Einheimischen«) erkennt man daran, dass er anderen Passanten das *Howzit* entgegenwirft, ohne dabei großartig die Lippen zu bewegen. Zumeist hört man nur »zitt«. Einen soeben eingetroffenen Touristen erkennt man dagegen daran, dass er – halb überrumpelt, halb entzückt – stehen bleibt und beginnt, von seinem Tag Bericht abzustatten.

»Howzit, Sisi?« – »Howzitt.«
© Louis Vorster

Sharp-sharp

Darling, you are very sharp-sharp!

Sharp-sharp wird ebenso pointiert wie blitzschnell herausgeschossen, um eine Ankunft (»Hallo, hier bin ich!«), einen Abgang (»Ich gehe jetzt.«), Zustimmung (»Na, dann mal los!«), Enthusiasmus über etwas (»Großartig!«) oder einfach die Schnelligkeit von etwas (»Zack, zack!«) zu signalisieren.

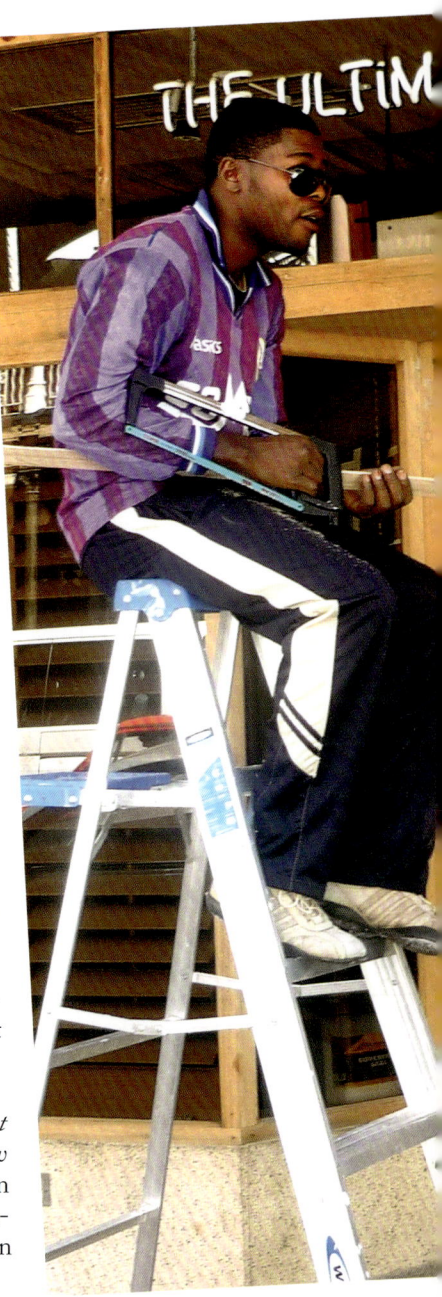

»I love your dress – it's sharp-sharp!« (»Ich liebe dein Kleid – es sieht umwerfend aus!«)

»I am going to kick you out of this house sharp-sharp.« (»Ich werde dich schneller aus dem Haus werfen, als du schauen kannst.«)

»We want sharp-sharp stuff, but don't plan. If we want to progress, we need to make a long term plan.« (»Wir wollen diese ganzen tollen Dinge, planen aber nicht voraus. Wenn wir Fortschritte machen wollen, brauchen wir einen Langzeitplan.«)

»Howzit my friend?« – »Good, you?« – »Sharp-sharp.« (»Wie geht's, mein Freund?« – »Gut, und dir?« – »Auch sehr gut.«)

»This football team is crushing us.« – »Sharp-sharp, sad.« (»Dieses Fußballteam vernichtet uns.« – »Stimmt, schade.«)

»This guy plays it all cool, meanwhile the moment you look at him a conversation will follow sharp-sharp.« (»Dieser Typ lässt den Coolen heraushängen, dabei musst du ihn nur anschauen und er verwickelt dich sofort in ein Gespräch.«)

»Everything alright, Bru?« – »Sharp-sharp.«

Dagga
Das älteste Hausmittelchen

Dagga, das ist die südafrikanische Vokabel für Marihuana. Obwohl Besitz und Konsum in Südafrika illegal sind, ist es zugegebenermaßen sehr leicht zu bekommen.

Insbesondere *Carguards* helfen, was *dagga* angeht, immer gerne weiter. Und auch Kleinkriminelle überfallen mit diesbezüglichen Angeboten gerne Passanten, Partygänger und Touristen auf den Straßen.

Das Wort *dagga* stammt aus dem *Khoikhoi*, der Sprache der Ureinwohner des südafrikanischen Raums, die mit solchen Dingen offensichtlich bestens vertraut waren. Anbau und Konsum von *dagga* hat im südlichen Afrika eine jahrtausendealte Tradition. *Dagga* half als Hausmedizin gegen diverse Wehwehchen, wurde aber auch zur Berauschung aus Kürbispfeifen geraucht.

Trotz des Cannabisverbots wird *dagga* im südafrikanischen Raum, allen voran in KwaZulu-Natal und der Ostkap-Provinz, immer noch in rauen Mengen angebaut, und so verweisen manche Südafrikaner auch gerne auf ihr Land als *dagga land*.

Beim Ausspruch »*She was looking at you, Dagga!*«, heißt »Dagga« allerdings nicht »Gras«, sondern bezieht sich auf den Konsumenten: »Sie hat zu dir geschaut, du Knallkopf!«

Robot
Südafrikanische Ampelsystematik

Robots sind das südafrikanische Äquivalent zur Ampel. An jeder Kreuzung sind alle *Robots* doppelt angebracht – auf der eigenen Seite der Kreuzung und auch auf der gegenüberliegenden. Beide zeigen immer dieselbe Farbe an.

Dabei fungiert das Ampel-Set auf der eigenen Straßenseite als Vorbote. Rot auf der eigenen Seite warnt, dass die rote Ampel auf der gegenüberliegenden Straßenseite die Weiterfahrt definitiv verwehren wird. Ein Einheimischer bleibt trotzdem niemals vor der ersten Ampel stehen, sondern lässt den Wagen aus zeitökonomischen Gründen so weit wie möglich in die Kreuzung vorrollen.

Robots sind dazu da, um den Autostrom zu lenken. Fußgänger spielen dagegen bei der *Robot*-Schaltung keine signifikante Rolle und werden daher auch sehr selten ein grünes Männchen sehen. Und selbst wenn sie es sehen, wird ein abbiegendes Auto niemals anhalten, um den Fußgänger die Straße überqueren zu lassen.

Dafür sind *Robots* bestens für das Ampelbusiness ausgelegt. Die langen *Robot*-Wartezeiten eignen sich perfekt für ein gutes Geschäft. Sonnenschutz für das Auto, Akkuladegeräte, Zeitschriften und Zeitungen, Sonnenbrillen, Obst, Gemüse, Kunst, Plunder – am *Robot* gibt es alles.

Allerdings erhoffen sich hier auch *Tsotsis* das große Geschäft. Vor allem in Johannesburg sind *Robots* der beliebteste Ort für Überfälle, sogenannte *smash & grabs*. Dabei werden die Fensterscheiben des unaufmerksamen Fahrers von drei Dieben blitzschnell eingeschlagen und alle Wertgegenstände auf den Sitzen entwendet, oder die Bande setzt sich gleich zum Fahrer ins Auto (*Hijacking*, siehe Seite 224).

Der 4-way-stop
Das erste Gebot der Vorfahrt

Robots fallen, speziell in Johannesburg, sehr gerne mal aus oder spielen verrückt (= alle Straßenseiten haben rot und grün gleichzeitig), wenn ihnen langweilig wird.

Südafrikaner kennen diese Spielchen zur Genüge und haben für diese Fälle ein Vorfahrtssystem eingerichtet: Jeder Fahrer bleibt an der Ampel erst einmal stehen, verständigt sich per Augenkontakt mit den übrigen Fahrern, wer zuerst da war und wer demnach als erstes fahren darf. Man wird einen Südafrikaner öfter mal beim Überfahren einer roten Ampel erwischen – niemals aber wird er die heilige *4-way-stop*-Regel brechen.

Die *4-way-stop*-Regel gilt auch an allen normalen Kreuzungen, die ohne *Robots* auskommen müssen. Verkehrsschilder und rechts vor links Regelungen gibt es hierzulande nicht, die Vorfahrt wird durch auf den Asphalt gezeichnete »Stops« und der goldenen *4-way-stop*-Regel reglementiert.

Coconut
Innen weiß, außen schwarz

Coconut ist ein Slangausdruck für einen Schwarzen, der seine Mentalität angeblich zu sehr den Weißen angepasst hat – jemand, der »außen schwarz und innen weiß« ist, wie eine Kokosnuss.

Damit sind meistens schwarze Südafrikaner gemeint, die in den Städten leben und einen weißen, sprich westlichen, Lebensstil pflegen. *Coconuts* hören diesen Ausdruck von ihren schwarzen Brüdern ganz und gar nicht gern.

Aus *Real Talk* von Fisani Nyandeni:*

Du nennst mich *coconut*, weil ich Englisch spreche, wenn ich mit meinen Freunden zusammen bin.

Du nennst mich *coconut*, weil *Kwaito*-House nicht meine einzige Musikvorliebe ist. Weißt du wie viele Musikarten es gibt? Und wie viel es von ihnen zu lernen gibt?

Du nennst mich *coconut*, weil meine Jeans etwas hängen. Müssen wir uns denn alle gleich anziehen? Bist du kein Individuum?

Du nennst mich *coconut*, weil ich mein Haar anders trage als du – *chiskop* (»Kahlkopf«) ist nicht mein Stil.

Du nennst mich *coconut*, weil ich MTV und *Def Jam Comedy* (afroamerikanische Comedyshow) schaue. Ich bin Südafrikaner, aber meine Lebensanschauung ist international.

Du nennst mich *coconut*, weil ich kein *Pap* mag und wenn ich es esse, dann nur mit der Gabel. Ich bevorzuge es aber so!

Du nennst mich *coconut*, weil ich auch anderen Sport als Fußball mag.

Du nennst mich *coconut*, weil ich weiß, dass man in China nicht »Chinesisch« spricht. Bildung ist nicht überbewertet, Ignoranz heißt nicht Seligkeit für mich.

Aber am Ende des Tunnels sehe ich Licht. Die Zukunft ist hell, denn ich weiß, ich bin nicht allein. Mehr und mehr von uns denken gleich – unsere Individualität reicht über Stereotype hinaus und das sehr weit.

* Aus: Fisani Nyandeni, *Real Talk. The Coconut*, in: kasitimes.co.za., 18. April 2011 (aus dem Englischen von Elena Beis).

Gatvol
Das Maß ist voll!

Gatvol bedeutet »Die Nase gestrichen voll haben« oder »Jetzt reicht's!«.

Der Begriff kommt aus dem Afrikaans. *Gat* heißt auf Afrikaans »Loch« und *vol* »voll«. Bei *gatvol* ist das Maß, beziehungsweise Loch, also mit Verärgerung voll. Alle Südafrikaner benutzen am liebsten diesen Ausdruck, wenn sie besonders genervt sind. »*I am gatvol of how my boss treats me*« oder einfach nur »*I am gatvol*« (»Ich bin total sauer«).

»*I am so gatvol, it's not even funny.*« – »Ich bin so wütend, dass es nicht mehr lustig ist.«

»*We are not flashy. We only became gatvol of seeing others enjoying things.*« – »Wir protzen nicht. Wir hatten nur keine Lust mehr zu sehen, wie immer nur andere in den Genuss dieser Dinge kommen.«

»*My gatvol-levels are rising rapidly.*« – »Mein Verärgerungsgrad steigt rapide.«

»*A new university called the ›Gatvol-Institute‹ would fare well in South Africa.*« – »Eine Organisation mit dem Namen ›Institut für völlig Entnervte‹ würde in Südafrika viel Anklang finden.«

»*I am very gatvol of slow internet. Telkom will get an earful soon.*« – »Ich bin extrem genervt vom langsamen Internet. Die Telekom kann sich bald etwas anhören.«

Shame
Mitleid aus Höflichkeit

Shame ist in Südafrika eine exzessiv benutzte Vokabel der Anteilnahme, des Mitgefühls und des Mitleids im Sinne von »oh je«, »schade« und »das tut mir leid für dich«:

»My foot is very sore.« – *»Shame man!«*
»Mein Fuß tut sehr weh.« – »Oh je, das tut mir leid.«

»Shame, stop making fun of this girl, man! She's lekker.«
»Hör auf, dieses arme Mädchen zu veräppeln, Mann! Sie ist echt nett.«

Shame kann aber auch die Niedlichkeit eines putzigen Babys, Kätzchens oder Welpen betonen:

»Ag shame! This labrador puppy is so cute.« – »Ach! Dieser Labrador-Welpe ist unglaublich knuffig.«

Zudem füllt *shame* Lücken im Gespräch auf:

»Yesterday I was very busy, so today I will just stay at home and chill.« – *»Shame.«*
»Gestern hatte ich sehr viel zu tun. Heute bleibe ich zu Hause und ruhe mich aus.« – »Ach, du Armer.«

Die vielen Varianten von *shame* verwirren Fremde oftmals, weil sie den Eindruck gewinnen, sie würden ohne ernsthaften Anlass in Südafrika auf einmal mit Mitleid überhäuft. Dabei gilt es nur als ein Zeichen von Freundlichkeit und Anteilnahme. Denn keine Antwort zu geben – und sei es auch auf etwas so Banales wie »Ich gehe jetzt nach Hause« – empfinden Südafrikaner als unhöflich und ungesprächig.

»Yo! I must still go and buy the milk for tonight.« – »Shame, Sisi.«
© Piotr Plecke

Bliksem
Verflixt und zugenäht!

Bliksem bedeutet auf Afrikaans »Blitz und Donner«.
Es wird benutzt als:

Ausruf, um Erstaunen, Verwunderung, Schrecken und vor allem Frust und Ärger zum Ausdruck zu bringen:

»*Bliksem! What an amazing game of football!*« – »Wahnsinn! Was für ein tolles Fußballmatch.«

»*Bliksem! I nearly hit your car!*« – »Mist! Ich hätte dich jetzt fast angefahren!«

»*This can of coke just exploded in my car. That's how hot it is in Stellenbosch. Bliksem!*« – »Diese Dose Cola ist gerade in meinem Auto explodiert. So heiß ist es in Stellenbosch. Verdammt!«

Verb im Sinne von »prügeln« oder »vermöbeln«:

»*If he wasn't so big, I would bliksem that guy.*« – »Wenn der Typ nicht so kräftig wäre, würde ich ihn verkloppen.«

Adjektiv, dann heißt es »verdammt«:

»*This bliksem car won't start again.*« – »Dieses verfluchte Auto springt schon wieder nicht an!«

Nomen

»*That bliksem stole my purse.*« – »Dieses Schwein hat meinen Geldbeutel geklaut.«

Schimpfwort

»*Jou Bliksem!*« – »Du Bastard!«

Bafana-Bafana
Unsere Jungs

Bafana-Bafana (isiZulu) – »unsere Jungs« – nennen Südafrikaner ihre Fußballnationalmannschaft. Zu ihr haben sie ein gespaltenes Verhältnis.

Sie lieben Fußball über alles, insbesondere schwarze Südafrikaner lieben keinen anderen Sport mehr.

Aber von *Bafana-Bafana* werden sie regelmäßig enttäuscht, weil »ihre Jungs« mit den großen afrikanischen Jungs von der Elfenbeinküste, aus Senegal, Ägypten und Ghana nicht mithalten können. Und so sagt man mittlerweile *»you are doing a bafana«* zu jemanden, der »viel Geld für wenig Leistung fordert«.

Dafür überzeugen Südafrikas *Banyana-Banyana* – »unsere Mädchen«. Sie sind mit Nigeria das beste Frauenfußballteam des Kontinents.

Laduma
Es hat gedonnert!

»Es donnert!« heißt auf *isiZulu* »laduma«. In Südafrika donnert es allerdings nicht nur bei Sturm und Wetter, sondern vor allem wenn ein Tor fällt und die Menge vor lauter Euphorie aus dem Häuschen gerät.

Laduma ist der Beifallsruf, wenn es »Tordonner« zu feiern gibt. Dabei hält der Fußballfan das »u« so lange, bis ihm die Luft ausgeht, und würgt das »ma« nur kurz hinterher, also *»Laduuuuuuuuuuuuuuuuuuuuu-ma!«*

Für die Fußballweltmeisterschaft in Südafrika schrieb der südafrikanische Musiker Johnny Clegg sogar einen Motivationssong mit dem Namen *Laduma Bafana* (»Tor, Bafana!«).

Sobashaya bakhumbula ekubo
Anodlala anodlala webafana
Sobashaya bakhumbula ekubo
Laduuu-ma! Laduuu-ma!

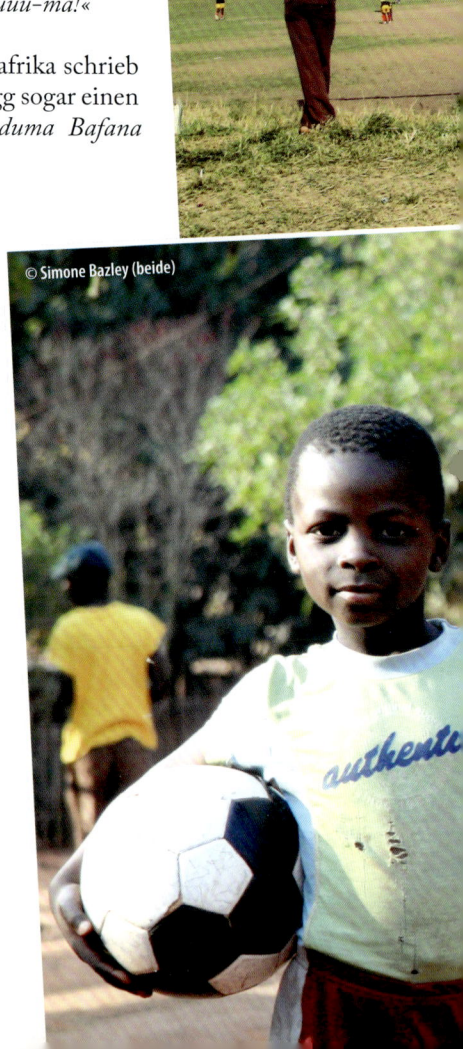

© Simone Bazley (beide)

Wir werden unsere Gegner besiegen, damit sie anfangen, sich nach ihrem Zuhause zu sehnen.
Spiel das Spiel, spiel das Spiel, *Bafana*.
Wir werden unsere Gegner besiegen, damit sie anfangen, sich nach ihrem Zuhause zu sehnen.
Tor! Tor!

May you run like the wind.
May your aim be true.

Mögest du schnell wie der Wind sein.
Mögest du versuchen, ehrlich zu spielen.

May your spirit hold
The battle through
May your blood sing
God give you wings
On that field of dreams
We stand with you
Laduuu-ma! Laduuu-ma!

Möge dein Geist
den Kampf durchhalten.
Möge dein Blut singen
Und Gott Flügel dir geben.
Auf diesem Feld der Träume
Stehen wir hinter dir
Tor! Tor!

Izzit?
Die Kunst, mit wenig viel zu sagen

Der Brite ist für seine Kunstfertigkeit bekannt, wenig Aussage in ziemlich viele, schön klingende Sätze zu verpacken. Der Südafrikaner beherrscht dagegen die hohe Kunst, maximal viel Aussage zu minimal wenigen Silben zu verdichten, denn zumeist hat er es eilig.

Er muss noch schnell zum Strand, oder zum *Braai* (siehe Seite 278), oder etwas an seinem Geländewagen reparieren. Zudem weiß der Südafrikaner, dass er mit seiner Energie haushalten muss, schließlich warten an jeder Straßenampel, Kreuzung und Parkgelegenheit mindestens drei Menschen, die sich mit ihm zuerst über sein Wohlbefinden und danach über sein Kleingeld unterhalten wollen.

Mit bedeutungsschwangeren Konversationswörtern wie *Howzit, Shame* und *Izzit*, der südafrikanischen Abkürzung für »*Is it really?*« (»Ist das wirklich wahr?«), spart er bei jedem Gespräch Zeit und Energie, ohne dabei jemals uninteressiert, unhöflich oder gar teilnahmslos zu wirken.

Der uneingeweihte Tourist reagiert dagegen zunächst etwas irritiert wenn er in Südafrika ankommt und feststellt, dass es hierzulande zu allem nur eine Antwort gibt, nämlich »*Izzit*«.

Wenn er morgens stöhnt: »Mein Gott, ist es heute aber heiß!«, antwortet ihm der südafrikanische Taxifahrer »*Izzit?*« als hätte er die 38 Grad Celsius noch nicht selbst bemerkt. Wenn der Urlauber dann im Restaurant feststellt »Südafrikaner essen ja noch mehr Fleisch als Amerikaner!«, so antwortet der südafrikanische Kellner stolz »*Izzit!*«. Macht der Besucher dagegen den Angestellten vom Autoverleih auf eine kleingedruckte Vertragsklausel aufmerksam, bekommt er ein langgezogenes »*Ah. Iiiiizzit?*« um die Ohren gehauen, einen giftigen Blick inklusive. Nach nur wenigen Tagen frisst sich aber diese Vokabel in den Kopf des Fremden wie ein Holzwurm, und bald hört er sich selbst nichts häufiger als »*Izzit?*« sagen, wie ein waschechter Südafrikaner.

Lank
Ganz extrem krass

Angesichts der vielen, unglaublichen Strände, perfekten Wellen und heißen *Beach Bunnies* (Mädchen, die an den Strand kommen, um den Surfern zuzuschauen), sah sich die südafrikanische Surferszene gezwungen, eine adäquate, lässige Vokabel zu erfinden: *lank.*

Seitdem sind Wellen, Strände und Mädels nicht nur *very hot* (»sehr heiß«), sondern *lank hot* (»unglaublich heiß«). *Lank* hat sich mittlerweile auch im Alltagsslang fest etabliert und wird eingestreut, um die Bedeutung, Größe und Großartigkeit von Objekten, Subjekten, Emotionen und Situationen aufzubauschen.

»*There were lank pretty ladies at the game last night.*« – »Gestern Abend waren tonnenweise hübsche Ladies da.«

»*Damn, this line is lank long.*« – »Mist, diese Schlange hört ja gar nicht mehr auf.«

»*There were lank people on the beach that day.*« – »Der Strand war heute völlig überfüllt mit Menschen.«

»*In an attempt to lose weight, he has been running lank.*« – »Um Gewicht zu verlieren, ist er wie besessen gelaufen.«

»*This roller coaster looks lank scary.*« – »Diese Achterbahn sieht zum Fürchten aus.«

»*She is really nice, I like her lank.*« – »Sie ist wirklich nett, ich mag sie sehr.«

»*He is lank thin.*« – »Er ist spindeldürr.«

»*This lecture is lank boring.*« – »Diese Vorlesung ist zum Einschlafen.«

»*My neighbour is lank pathetic.*« – »Mein Nachbar hat eine Schraube locker.«

Jol

Party oder einfach »eine gute Zeit«

Die Afrikaaner übernahmen das Wort von den Engländern (»to have a jolly good time« heißt »sich gut amüsieren«), kürzten es auf *jol* ab, wie zum Beispiel »*last night was a jol*« (»gestern Abend war sehr lustig«) und von da an fand das Wort quer durch alle kulturellen Gruppen Südafrikas so viel Anklang, dass sogar Anglo-Südafrikaner heutzutage lieber *jol* als *jolly* sagen.

Die Vokabel hat auf typisch südafrikanische Art mit der Zeit mehr und mehr Bedeutungen hinzugewonnen und wird nun in allen Zusammenhängen, die in irgendeiner Form mit Spaß oder einer freudigen Atmosphäre verwandt sind, eingestreut. Witzig, schön, sexy, verwegen, ausgehen, sich betrinken und auch »herummachen« – das alles fällt unter *jol*. »*I caught Mark and Mary jolling out*« heißt demnach »Ich habe Mark und Mary beim Knutschen erwischt«.

© Jauretsi

Befok
Ich dreh ab

Das Afrikaanse *befok* klingt zugegebenermaßen vulgär, wird aber zumeist in nicht vulgärem Zusammenhang geäußert. Außergewöhnlich erfreuliche und außergewöhnlich unerfreuliche Umstände lösen meistens ein »*befok*« aus.

»*You won the car.*« – »*Befok!*« – »Du hast das Auto gewonnen.« – »Wahnsinn!«

»*This rock concert was befok!*« – »Dieses Rockkonzert war sensationell!«

»*After all this overtime, Saturday is going to be befok.*« – »Nach all den Überstunden fliegen Samstag die Fetzen.«

»*This people are befok to knock on our door at 5:45 for the bin.*« – »Diese Leute sind nicht ganz bei Trost, uns wegen dem Müll um 5.45 Uhr herauszuklingeln.«

»*People are irritating with this solar flare news. One broadcast and everyone goes befok.*« – »Die Leute nerven mit diesen Sonneneruptionsneuigkeiten. Eine Sendung darüber und alle drehen völlig am Rad.«

»*I have to go home after work to a flat with no electricity. This is going to make me befok, I want to watch the soccer tonight!*« – »Nach der Arbeit gehe ich heim in meine Wohnung ohne Strom. Ich werde durchdrehen, ich will unbedingt das Fußballspiel heute Abend anschauen!«

Mzansi
Hier im Süden

Mzansi, das ist Südafrika. Das Wort stammt vom *isiXhosa* »*umzantsi*«, was »dort unten« oder »Süden« heißt – also im Süden von Afrika.

Vor allem junge Südafrikaner, die in den Städten leben, nennen Südafrika gerne *Mzansi*, und es gibt mittlerweile auch sehr viele *Mzansi*-Dinge wie *Mzansi*-Musik, *Mzansi*-Modelabel und bestickte *Mzansi*-Überwurfdecken. Werbeagenturen sind auf den *Mzansi*-Trendzug auch schon aufgesprungen, und so werben Banken mit *Mzansi*-Konten, Mobilfunkanbieter mit *Mzansi*-Verträgen und die öffentlichen Fernsehanstalten mit Shows wie *Mzansi-Magic* und Slogans wie »*Mzansi for sure*« (»Wir stehen hinter Südafrika«). Hier ein paar *Mzansi*-Sätze:

»*What a beautiful Mzansi day!*« – »Was für ein schöner, typisch südafrikanischer Tag.«

»*I wonder why the unemployment is so high in Mzansi.*« – »Ich frage mich, warum die Arbeitslosigkeit so hoch ist in Südafrika.«

»*This dish looks different. It doesn't look like Mzansi delicacies.*« – »Dieses Gericht sieht seltsam aus. Es sieht nicht wie eine unserer heimischen Köstlichkeiten aus.«

»*This man is the best actor in Mzansi so far.*« – »Das ist bisher der beste Schauspieler Südafrikas.«

»*Uganda, Zambia, Botswana and Mzansi play soccer tonight.*« – »Heute Abend spielen Uganda, Sambia, Botswana und Südafrika Fußball.«

»›*The matches will be screened live, but delayed.*‹ *What is this supposed to mean?*« – ›*Typical Mzanzi, Bru!*« – »›Die Spiele werden live aber verspätet übertragen.‹ Was soll das bitte heißen?« – »Typisch südafrikanisch diese Ansage, Bru!«

ish
Über den Daumen gepeilt

Ein beliebtes Anhängsel mit der Bedeutung »ein bisschen« oder »um den Dreh« ist *ish*. Am liebsten wird *ish* mit Zeit- und Zahlenangaben verknüpft, um diese von vornherein unverbindlich zu halten und keine großen Hoffnungen auf Pünktlichkeit zu wecken.

In Kombination mit einer Zahl, wie *nine-ish* oder *five-o'clock-ish* will *ish* sagen: »15 bis 45 Minuten später«. In Verbindung mit ohnehin vagen Angaben wie *soon* (»I will come soon-ish«) oder *early* (»Let's meet for breakfast early-ish«) verkündet der Sprecher ohne dezidierte Erklärungen abzugeben, dass er sich keinen Wecker stellen wird, sondern sich, wenn er *early-ish* aufwacht – was morgens, durchaus aber auch mittags sein kann – zwecks vereinbartem Brunch meldet.

Insbesondere Kapstädter lieben das *ish*. Die arbeitsameren Johannesburger gehen etwas sparsamer damit um. Und die deutschen Expats in Südafrika gehen gerne einmal in die Luft, wenn sich der ohnehin verspätete Handwerker oder *Telekom*-Angestellte, mit *ishs* am Telefon noch mehr Zeit erheischen will.

178

Brandy and Coke
Der billige Rausch

Südafrikanischer Brandy schmeckt nach Haselnüssen und Aprikosen, strotzt mit bis zu 45 Prozent Alkohol, wird am liebsten mit Coca Cola getrunken und hat jedem gestandenen, südafrikanischen Studenten ebenso viele spektakuläre Räusche wie grässliche Kater beschert, ohne dabei seinen studentischen Geldbeutel übermäßig belastet zu haben.

Aber auch zu einem Rugbyspiel oder *Braai* (siehe Seite 278) gehört *Brandy and Coke* wie Bier, *Biltong* und *Boerewors* (»Grillwurst«) dazu.

Es gibt viele unterschiedliche einheimische Brandysorten. Als populärster und günstigster Longdrink Südafrikas, der besonders gern in Studentenvierteln, in den von Afrikaanern bewohnten Vororten, aber auch Townships und von der schwarzen Mittelklasse konsumiert wird, haftet ihm ein entsprechender Ruf an. *Brandy and Coke* gibt es in jedem Nachtclub, es ist der wohl meistbestellte Longdrink. In vornehmeren Restaurants erntet der *Brandy-and-Coke*-Besteller dagegen eher ein müdes Lächeln.

© Igmar Grewar

Sosatie
Südafrikanischer Schaschlik

Sosaties, das sind die Lieblingsspieße der *Braai*-Nation Südafrika (Braai, siehe Seite 278). Sie bestehen aus zarten, gegrillten Lammstückchen, getrockneten Aprikosen und den kräftigen Gewürzen der *Cape-Malay*-Küche.

Die Lammspieße haben in Südafrika Tradition. Früher haben *Malays* das Lammfleisch auf *Malay*-Art eingelegt, um es haltbarer zu machen, denn damals gab es noch keinen Kühlschrank. Heutzutage gibt es schon einen Kühlschrank, aber *Sosaties* werden immer noch gern gegessen, weil sie so gut schmecken. Zumal südafrikanisches Lamm keinen schweren Eigengeruch hat, sondern nur ein leichtes, delikates Aroma nach südafrikanischem Busch. Wer kein Lamm mag, bereitet die Spieße mit Hühnerfleisch zu. So geht's:

Sosaties

600 g	Lammhüftsteaks
1	große, rote Paprika in Stücken zum Aufspießen
2	Zwiebeln, eine geraspelt, eine in Stücken für den Spieß
2 TL	Sonnenblumenöl
2 TL	Butter
2	gepresste Knoblauchzehen
1 TL	Currypulver
1 TL	Kurkuma
1 TL	brauner Zucker
150 ml	Orangensaft
1 TL	Hühnerbrühe
4	getrocknete Lorbeerblätter
125 g	getrocknete Aprikosen
	Cayennepfeffer
	Holzspieße

Zubereitung

Spieße abwechselnd mit Fleisch, Aprikosen, Paprika und Zwiebel bestücken und in eine Auflaufform legen. In einer Pfanne das Öl erhitzen und darin die geraspelte Zwiebel, Knoblauch und Currypulver glasig dünsten. Kurkuma, Zitronensaft, Zucker, Hühnerbrühe und Lorbeerblätter dazugeben, drei Minuten lang köcheln und abschließend abkühlen lassen. Diese Marinade über die Spieße gießen, bis alle bedeckt sind. Die Auflaufform anschließend mit Frischhaltefolie abdecken und über Nacht in den Kühlschrank stellen. Am nächsten Tag fünf Minuten lang auf jeder Seite über heißer Kohle grillen. Mit frischem Zitronensaft beträufeln und genießen.

© Chee Hong

Optimismus
Triumph der Hoffnung über die Erfahrung

Wird das nächste Jahr besser als das jetzige?

Zwei von drei Europäern sagen nein.

Zwei von drei Afrikanern sagen ja.

Der Realist sagt: »Das ist eine Fehleinschätzung.«

Der Zyniker sagt: »Der Afrikaner hat nichts mehr zu verlieren.«

Der Südafrikaner sagt: »Das ist das Vertrauen in Gott. In diesem Augenblick geht es mir gut. Die Sonne scheint. Für heute habe ich zu essen. Und der Berg steht in voller Pracht da.«

»Wir Südafrikaner sind ein sehr optimistisches Volk. Wir haben diese innere Ruhe der *Khoisan* in uns, dieses positive Naturell. Die Menschen hier haben außerdem einen großartigen Sinn für Humor. Das ist der Grund, warum es hier auf unseren Straßen kaum Depression gibt.«

Simon Sheff, Restaurantbesitzer, aufgewachsen und wohnhaft in den Cape Flats, einem der deprimierendsten Viertel Südafrikas

»Jeder gelebte Tag, jede Geburt, Hochzeit oder Beförderung, jeder Sonnenauf- und Sonnenuntergang sind in Afrika ein neuer, kleiner Triumph der Hoffnung über die Erfahrung. Es ist diese Hoffnung, die Afrika am Laufen hält.«

Wolfgang Drechsler, deutscher Korrespondent in Südafrika

Amandla!
Macht den Massen

Die Johannesburger Innenstadt steht Kopf, denn eine Million Beschäftigte des öffentlichen Dienstes wollen 15 Prozent mehr Gehalt.

»*Amandla!*«, skandiert die kleine, kräftige Anführerin in die streikende Menge und streckt dabei ihren Arm in die Luft, die Hand zur Faust geballt.

»*Awethu!*«, erwidert die Menge ohne Verzögerung.

»*Aaa-maaa-ndla!*«, feuert sie die Masse weiter an.

»*A-we-thu!*«, hallt es noch lauter zurück.

»Macht und Stärke!«, schreit sie ein drittes Mal.

»Uns, dem Volk!«, donnert es zurück.

Das Volk, das sind heute die Angestellten des öffentlichen Dienstes.

Bis 1994 war *Amandla!* die Protestparole der schwarzen Bevölkerung gegen das Apartheidsystem. Seitdem wird *Amandla!* bei Demonstrationen angestimmt, um sich gegen andere Formen der Unterdrückung aufzulehnen. *Amandla!* stammt aus dem *isiZulu* und bedeutet »Stärke« und »Kraft«, *Awethu* heißt »uns, dem Volk«.

© Clare Louise Thomas

Toyi-Toyi
Mit der Masse tanzen

»Bessere Löhne!« – »Es reicht!« – »Amaaaaan-dla!«

Ein Menschenauflauf stampfender *Mamas* und drahtiger junger Männer prescht, Plakate hochhaltend und Slogans skandierend, durch die Kapstädter Innenstadt. Während die Protestierenden abwechselnd ihr rechtes und linkes Knie bis zum Kinn hochreißen und anschließend das Bein mit Schwung in den Boden stapfen, klatschen Frauen an der Spitze des Pulks den Rhythmus vor, Protestierende halten kämpferisch ihre Fäuste hoch und singen. Mit jedem Meter werden Gestampfe und Gesang, Tanz und Protest schneller und lauter, die Masse wird hitziger, bis der *Toyi-Toyi*-Marsch sämtliche Innenstadt-geräusche übertönt.

Offiziell hat Südafrika elf Sprachen. Mit dem *Toyi-Toyi*, Südafrikas Protesttanz, sind es zwölf. *Toyi-Toyi* verschafft Gehör und mobilisiert bei Demonstrationen Massen. Vor allem aber bestärken das gemeinsame Gestampfe, die Musik und der Rhythmus den Einzelnen, den Gemeinsinn und die Entschlossenheit durchzuhalten und zu gewinnen.

© Clare Louise Thomas

Julius Malema
Der Brandstifter

Julius Malema, ehemaliger Jugendführer und Schlagzeilenmacher der Massenpartei ANC, radikal, schillernd und wütend, fand mit seinen aufstachelnden, populistischen Parolen über Nationalisierung und Zwangsenteignung bei frustrierten und armen Wählern Anklang.

© Angela Huxham

Er verängstigte wohlhabende Weiße und begeisterte Stand-up-Comedians, denen er köstlichstes Material lieferte. Mittlerweile ist er vom ANC ausgeschlossen worden. Hier ein Best-of seiner Zitate:

Über den ANC: »Wir sind es leid, eine Zweidrittelmehrheit zu haben. Wir wollen eine Dreidrittelmehrheit.«

Über die südafrikanische Mittelstreckenläuferin Caster Semenya und die Vermutung, sie sei intersexuell, zu einem weißen Journalisten: »Inter-*was?* Du Rassist! Dieses Hermaphroditen-Ding gibt es nicht in unserer Kultur. Warum stellst du über unser Kind solche Fragen? Es ist doch völlig offensichtlich: Er ist eine Frau!«

Über den südafrikanischen Präsidenten: »Wir sind bereit, für Zuma zu sterben. Wir sind bereit, für Zuma zu Waffen zu greifen und zu töten.«
Drei Tage später, nachdem es Kritik gehagelt hat: »Wir haben niemals gesagt, dass Menschen sterben müssen. Wir haben niemanden dazu aufgefordert, zu Waffen zu greifen.«

Über die Umverteilung von Land: »Wir müssen unser Land von den Weißen zurückholen, ohne zu bezahlen. Sie haben unser Land weggenommen, ohne zu zahlen. Wenn wir uns einig sind, dass sie unser Land gestohlen haben, sind wir uns auch einig, dass es Kriminelle sind und dass sie wie Kriminelle behandelt werden müssen.«

Zum BBC-Korrespondenten Jonah Fisher nach einer kritischen Bemerkung während einer Pressekonferenz: »Wenn du denkst, du kannst hier mit deinen weißen Tendenzen ankommen und Schwarze untergraben, dann bist du hier am falschen Ort. Das hier ist ein revolutionärer Ort. Geh raus, du verdammter Agent. Du hast nur Müll in dieser Hose. Raus!«

AIDS
Die Pest Afrikas

In Südafrika leben mehr Menschen mit AIDS als in jedem anderen Land. Schätzungsweise 5,6 Millionen Südafrikaner, oder 18 Prozent aller 15- bis 49-Jährigen, sind HIV-infiziert.

Die höchsten HIV-Raten werden unter schwangeren Frauen verzeichnet – 39,5 Prozent aller Schwangeren waren im Jahr 2010 in der Provinz KwaZulu-Natal HIV-positiv. In der Westkap-Provinz waren es 18,5 Prozent aller Schwangeren, im nationalen Durchschnitt ist jede dritte schwangere Frau.

Unter den Infizierten sind 300.000 Kinder und Jugendliche – zumeist sind sie unverschuldet krank. Das HI-Virus wurde bei der Geburt oder durch die Muttermilch auf sie übertragen.

Die AIDS-Rate spiegelt sich auch in den hohen Todesraten. 1997 sind in Südafrika 317.132 Menschen verstorben. Im Jahr 2005 waren es bereits 678.386, die meisten im jungen Alter. Im Jahr 2005 hingen 52 Prozent aller Tode mit AIDS zusammen. Aufgrund der nach und nach besseren Versorgung HIV-Infizierter mit der lebensverlängernden antiretroviralen Therapie ist die Zahl der Todesfälle etwas gesunken.

BEE
Der Business-Indikator

»Redakteur für Senior-Position gesucht. Bruttomonatsgehalt: 16.000 Rand. Unternehmenspolitik: *BEE*. Zusatzhinweis: Die Firma verpflichtet sich zur Transformation und dazu, das demografische Profil unserer Gemeinde widerzuspiegeln. *BEE*-Kandidaten werden daher zuerst berücksichtigt. Mehr Informationen auf der Homepage.«

Ein Klick auf die Homepage und ein Zertifikat baut sich auf: »65 % *BEE*-konform« thront in großen Buchstaben über dem Firmennamen. *BEE*, kurz für *Black Economic Empowerment*, ist die neue Währung im Business, der Zukunftsindikator für gute Geschäfte. Je mehr *BEE*, desto besser das Business. Dabei handelt es sich um eine gesetzliche Quotenregelung. Ihr Ziel: Arbeit und Wohlstand gerechter zu verteilen. Unternehmen steigern ihren *BEE*-Wert, indem sie Schwarze einstellen, Schwarze zu Managern befördern und Teile des Unternehmens an schwarze Teilhaber verkaufen.

Alle in Südafrika wissen, dass eine gerechtere Verteilung des Wohlstandes wichtig ist. *BEE* sorgt aber trotzdem für Kontroversen. Einige Schwarze sind skeptisch, weil sie finden, dass eine kleine Schicht unverhältnismäßig stark profitiert. Die arme Masse ist skeptisch, weil »wirtschaftliche Stärkung« bei den meisten von ihnen noch nicht angekommen ist. Weiße sind skeptisch, weil sie manchmal trotz besserer Qualifikation schwarzen Bewerbern Platz machen müssen. Farbige und Inder fühlen sich quotenmäßig unterrepräsentiert. Auch die 100.000 Chinesen im Land ärgerten sich sehr über *BEE*, schließlich wurden sie während der Apartheid auch benachteiligt. Sie haben sich so sehr geärgert, dass sie seit einiger Zeit in Südafrika offiziell als »black« gelten.

Soziale Unterschiede
Die Wut der Armen

Aus *They Have Forgotten the Poor* von Kea' Modimoeng:*

Wir lassen ihnen die Vorfahrt,
Wenn sie mit ihren blauen Lichtern prahlen,
Arrogante Häupter,
Die keine Zeit für uns haben.
Haben Besseres zu tun,
Vergessen haben sie die Armen.

Gestern wählten wir sie, damit sie uns führen,
Gaben ihnen ein Zeichen des Vertrauens.
Heute sind sie Aasgeier, speisen nur mit ihresgleichen.
Stolz spazierend wie Giraffen,
Vergessen haben sie die Armen

Townships brennen,
Gemüter lodern,
Anwohner verbrennen und zerschlagen,
Die Geduld ist verfallen,
Armut hat alles eingenommen,
Weil die Führer die Armen vergessen haben.

> Die **Freiheitscharta** ist ein Dokument, das während der Apartheid die Forderungen der Anti-Apartheidbewegung nach Demokratie und Gleichberechtigung enthielt.

Die Staatskasse kauft große Häuser,
Sie schwimmen im Alkohol,
Sprechen in fremden Sprachen.
Sie vergeben sich gegenseitig Posten
Weil sie die Helden der Freiheitsbewegung sind.
Vergessen haben sie die Armen.

Die Kriminalität ist außer Kontrolle,
Armut beleidigt unser Volk,
Die Freiheitscharta wird bruchstückhaft gelesen.
Nur Parteimitglieder profitieren,
Zeugnisse ohne Parteikarte gelten nichts,
Vergessen haben sie die Armen.

Wenn die Zeit kommt
Werden wir unser Volk gewissenhaft regieren,
Jetzt müssen wir uns mit dem Schmerz zufrieden geben
Denn die Bäuche der Löwen sind voll.
Vergessen haben sie die Armen.

* Aus: Kea' Modimoeng, *They Have Forgotten the Poor*, in: *The Sol Platje European Union Poetry Anthology*, Liesl Jobson (Hg.), Johannesburg 2011, S. 56-57 (aus dem Englischen von Elena Beis). **Kea' Modimoeng** ist ein preisgekrönter Autor und Lyriker (*Maduo*, Setswana Gedichtesammlung, 2008) aus Mafikeng.

Shark Spotter
Achtung, weißer Hai!

Zwei dunkle Schatten im Meer nähern sich dem Badeort Fishhoek und biegen am rechten Felsausläufer der Bucht in Richtung Strand ab. Monwabisi ist sich sicher: Es sind zwei weiße Haie.

Mit einem Fernglas auf dem Berg über Fishhoek sitzend, greift Monwabisi, der *Shark Spotter*, sofort zu seiner Fernbedienung, um die Sirene unten am Strand auszulösen. Dann verständigt er seinen Kollegen Faeze, der unten bei den Badegästen ist. Faeze fordert alle Schwimmer auf, das Wasser unverzüglich zu verlassen und hisst in der Mitte des Strandes die weiße Flagge mit dem schwarzen Hai. Die Flagge, die anzeigt, dass ein Hai in der Bucht schwimmt.

Die dunklen Schatten driften langsam wieder aus der Bucht heraus, als Monwabisi auf einmal eine einsame Gestalt bemerkt, die am südlichen Ende der Bucht ins Wasser läuft – trotz Flagge und Sirene! – und herausschwimmt. Einer der Haie ist keine 100 Meter von ihm entfernt! Monwabisi stürmt in sein Auto und brettert den Berg runter Richtung Strand. Als Faeze den Schwimmer bemerkt, stürzt auch er ans Ende der langen Bucht, um ihn aus dem Wasser zu holen.

Doch bevor Monwabisi und Faeze den Schwimmer erreichen können, hat sich der eine Schatten an den Schwimmer herangepirscht, langsam und bedächtig, so dass der Schwimmer ihn nicht bemerkt.

Sorglos krault dieser tiefer ins Meer hinein ...

An der *False Bay* bei Kapstadt ist die Dichte an weißen Haien weltweit am höchsten. Das ist kein Zufall. Weiße Haie verspeisen nichts lieber als Robben, und in der *False Bay* lebt eine Robbenkolonie auf einer eigenen Insel *(Seal Island)*. An Menschenfleisch sind Haie nicht interessiert. Allerdings kommt es wegen der hohen Dichte an Haien und menschlichen Badegästen in ein und derselben Bucht ab und an zu Missverständnissen. Deswegen bewachen **Shark Spotter** 365 Tage im Jahr die kritischen Strände und warnen mit Flaggen und Sirenen, wenn sich Haie in der Nähe befinden.

The Daily Sun
SMS vom Teufel

»Terror durch verhexte Hühner«

»Auf der Flucht ... mit 70 Ziegen«

»Ein Gorilla hat mich vergewaltigt«

»Grieche wird zum Gnom«

»Es ist zurück – *Tokoloshe* verhöhnt die Gebete der Familie«

»Nachbar hat mein Klo geklaut«

»*Xhosa*-König AbaThembu brüskiert Hoheit Dalindyebo«

»Verabredung mit dem Tod – Familie fürchtet den Fluch des 4. August«

Mit signalroten Schlagzeilen über Flüche und Übernatürliches, Mord und Diebstahl, mit rührenden Alltagsgeschichten vom Überlebenskampf, Neuigkeiten vom *Zulu*- und *Xhosa*-Stammesadel und mit einer Prise Politik und Glitzer zieht die *Daily Sun* die Aufmerksamkeit von zweieinhalb Millionen kriminalitätsgewohnten Lesern täglich aufs Neue auf sich. Erst 2002 gegründet, ist die *Daily Sun* mittlerweile das meistgelesene Boulevardblatt des südlichen Afrika.

Load Shedding
Trauma-Trigger

Load shedding, ein »Lastabwurf«, ist die letztmögliche Maßnahme, um den Totalzusammenbruch eines Stromnetzes zu verhindern. Er macht sich wie folgt bemerkbar: urplötzlich verabschiedet sich der Strom für mehrere Stunden.

Bei 38 Grad Sommerhitze fallen in den Supermärkten die Kühlschränke aus – und Massen an Milch- und Fleischprodukten verfallen schneller als sie in generatorenbetriebene Notkühlschränke umgeräumt werden können. In den Friseurläden stehen Föne und elektrische Rasierer still, und Kunden mit einem halb fertig rasierten Kopf müssen ihre Businesstermine bis auf Weiteres absagen. Touristen schweben für mehrere Stunden in einer Gondel, die 100 Meter unter dem Plateau des Tafelbergs und ca. 1.000 Meter über der Bodenstation schwingt. In den Fabriken stoppen plötzlich die Maschinen, die Zement mischen. Das Tagesgeschäft ist hin, und mit ihm auch die Millionen Rand teuren Maschinen, die zuzementieren, bevor der Strom wieder anspringt. Strombetriebene Park- und Toröffner fallen aus. Hausbesitzer kommen nicht in ihre Wohnanlagen, dafür können Einbrecher sorglos hineinspazieren, denn weder Alarm noch Bewegungsmelder stehen ihnen nunmehr im Weg.

Im *Load-shedding*-Apokalypsejahr 2008 waren die geschilderten Szenen Alltag. Seitdem triggert der Begriff *load shedding* bei Südafrikanern ähnliche Ängste wie das Wort Tsunami auf Thailand oder Menschenrechte bei den Machthabern von Nordkorea. Immerhin kamen Generatorenverkäufer und Pizzabäcker 2008 auf ihre Kosten. Die wenigen Generatoren im Land wurden zu Kunstwerkspreisen versteigert und Pizzabäcker mit Steinöfen freuten sich, wenn jeden Abend das ganze Viertel ins Restaurant drängte.

SATURDAY Star

IT'LL GET WORSE: ESKOM

SOMETHING TO TALK ABOUT

JANUARY 19 2008

Citizen

A CARSON PUBLICATION · SATURDAY 19 JANUARY 2008

TOVEY TIPS IVORY

Eskom ist Südafrikas Stromversorgungsunternehmen und größter Stromerzeuger, kann allerdings zeitweise den Strombedarf nicht decken.

© Paul Keller

Sundowner
Goodbye, Sunshine!

Sommer, 17 Uhr: Spätestens jetzt verlagert sich in südafrikanischen Büros die Konzentration kollektiv von E-Mails und Kundenlisten auf SMS mit dem Stichwort »Sundowner«:

»Kleine Wanderung zu *Lions Head* für Sundowner?«

»Bring Mädels mit – Sundowners auf meiner Terrasse!«

»Auf dem Weg nach *Camps Bay* – Sundowner :-) «

Beim Sundowner handelt es sich um ein alkoholisches Getränk, zumeist einen Cocktail, der während des sensationellen südafrikanischen Sonnenuntergangs genossen

© dna photographers

wird, vorzugsweise in einer Bar in Strandnähe, auf einem Boot oder einem Berg, wie dem *Lions Head* oder dem Tafelberg. Denn die bieten eine besonders spektakuläre Aussicht auf den knallroten Sonnenball, der die Stadt zuerst in ein magisches, surreales Abendlicht hüllt und anschließend aus dem Himmel in den weiten Ozean plumpst.

Pinotage
Neuer Wein in alten Schläuchen

Am Ende der Weinprobe holt der Sommelier unter der massiven, dunklen Holztheke noch eine Rotweinflasche und frische Rotweingläser hervor. »Das ist unser Glanzstück. Unser Pinotage. Südafrikas ureigene Rebsorte«, sagt er während er großzügig einschenkt.

Der Pinotage schimmert rubinrot. Sehr edel – das Glas, wie auch die Farbe. Er riecht sehr, sehr beerig, laut Sommelier handelt es sich allerdings um »Pflaume mit einem Hauch Vanille«. Seine dichte Konsistenz fühlt sich samtig, fast ein bisschen pelzig auf der Zunge an. Er schmeckt wirklich gut, wie kondensierter und alkoholreicher – sehr alkoholreicher! – Johannisbeersaft. Nach dem ersten Schluck bleibt einen Hauch von Lakritz und dunkler Schokolade im Mund zurück. Die Damen der Runde nicken anerkennend – durchaus speziell und durchaus nach ihrem Geschmack, der südafrikanische Pinotage.

Der **Pinotage**, Südafrikas eigene Reb- und Weinsorte, ist eine Kreuzung aus dem delikaten, aber hochsensiblen Pinot Noir und dem robusteren Hermitage (heute Cinsault). Der Südafrikaner Abraham Izak Perold kreuzte die beiden Rebsorten 1926, um die guten Eigenschaften beider zu vereinen, et voilà – der Pinotage war in Stellenbosch bei Kapstadt geboren.

© Jauretsi

Armut
Hunger nach Wandel

Aus *Perspective* von Malika Lueen Ndlovu: *

mein Himmel ist ocker wie Afrikas Erde
wenn sie brennt
ein Spektrum acker- und hautfarbener Brauns
andere Male purpur-kastanien-blau
wie Afrikas blaue Flecken

mein Himmel ist verhangen mit Geschichte
schwer vom Warten
hungrig für den Wandel

mein Weg ist ein Fluss, der auf andere trifft
dann seinen eigenen, unvorhersehbaren Weg einschlägt
seine Strömung unserer Rückkehr zum Ozean gewiss
wo wir Befreiung erfahren werden
von diesen Ufern und Felsblockaden
und erleben, wie dieses Freiheitsversprechen
endlich sich erfüllt

---

* Aus: Malika Lueen Ndlovu, *Perspective*, in: *We Are*, Natalia Molebatsi (Hg.), Johannesburg 2008, S. 80 (aus dem Englischen von Elena Beis). **Malika Lueen Ndlovu** ist eine Lyrikerin und Dramatikerin aus Durban.

Armut bleibt immer noch ein großes Problem in Südafrika. Die Hälfte aller Südafrikaner leben von 500 Rand (50 Euro) im Monat. Sie genießen seit 1994 politische Freiheit, warten aber noch verzweifelt auf eine Befreiung aus der Armutsspirale, die sie aus eigener Kraft kaum durchbrechen können.

112 Bakkie
Der motorisierte Ochsenkarren

Als die ersten weißen Siedler in Südafrika ankamen, stand hier – zumindest für europäische Begriffe – nicht sehr viel. Also musste entsprechend viel angeschafft, weggeschafft und herumgeschafft werden.

Das Wunderwerkzeug, was all das vollbrachte, war zunächst der Ochsenkarren. Er leistete treue Dienste, und die Buren schlossen ihn in ihr Herz. Im Laufe der Jahre wurde in Europa das Automobil erfunden und erreichte in Form eines *Bakkie*-Urahnen die Südspitze von Afrika, wo es den Ochsenkarren ablöste. Die Südafrikaner gaben dem motorisierten Pick-up mit der flachen Ladefläche den Spitznamen *Bakkie* (die Verniedlichungsform von *Bak* – »Schüssel« auf Afrikaans) und schlossen ihn ebenso in ihr Herz wie einst den Ochsenkarren.

Und seitdem steht er ungebrochen hoch im Kurs, nicht nur bei Farmern, sondern auch bei Handwerkern, Gastronomen, Gärtnern, Familienvätern, Hundebesitzern, Surfern, Campingbegeisterten und Liebhabern aller Freiluftaktivitäten. Der *Bakkie* ist nämlich perfekt auf den südafrikanischen Lifestyle zugeschnitten: Mit ihm lassen sich die Arbeiterschar, Möbelstücke, Bauschutt, Gartenpflanzen, Lebensmittelpaletten, Hunde, Surfboard, Sand und nasse Neoprenanzüge, Zelte, Jetskis, Mountain- und Quadbikes und viele Kisten Bier, unbeschwert und *easy* überall hin kutschieren und alle Aktivitäten unternehmen, die die bewegungsfreudigen Südafrikaner besonders gerne mögen.

Bobotie
Auflauf, Malay-style.

Vor 330 Jahren segelten die Holländer ans Kap, nicht um zu kolonialisieren, sondern um einen Zwischenstopp auf ihrem Weg nach Indonesien einzulegen.

Auf ihrer Durchreise brachten sie indische und indonesische Gewürze hierher. Später verschleppten sie auch *Malay* sprechende Sklaven ans Kap, damit diese für die weißen Siedler kochten. Das war die Geburtsstunde des *Bobotie* – einem Hackfleischgericht nach westlichem Stil mit südostasiatischen Gewürzen und Aromen. Bis heute ist es der Klassiker der südafrikanischen Küche. So bereitet man ihn zu:

Bobotie (für sechs Personen)

10 ml	Öl
10 g	Butter
1 kg	Hackfleisch
2	gehackte Zwiebeln
1	Knoblauchzehe
1 Scheibe	Brot ohne Kruste (weiß oder braun)
300 ml	Milch
2	Eier
100 g	Rosinen (vorzugsweise Sultaninen)
25 ml	Essig
3 TL	Frucht-Chutney
2 TL	Aprikosenmarmelade
1 TL	mildes Curry-Pulver
2 TL	Kurkuma
1 TL	Zucker
4	Lorbeerblätter
	Salz und Pfeffer

Zubereitung

Butter und Öl in einer großen Pfanne erhitzen. Zwiebeln und Knoblauch glasig dünsten. Das Hackfleisch hinzufügen und braten. Während das Hackfleisch brät, das Brot in eine Schüssel mit Milch eintauchen, anschließend das Brot mit einer Gabel zerdrücken. Die Milch für später aufheben. Ein Ei, Rosinen, Essig, Chutney, Marmelade, Curry-Pulver, Kurkuma, Zucker, Salz und Pfeffer in eine Schüssel geben und alles gut miteinander verrühren.

Anschließend die Masse in die Pfanne mit dem Fleisch geben und alles zusammen weitere fünf Minuten braten, damit sich Gewürze gut vermischen. Masse in eine gefettete, feuerfeste Auflaufform geben und bei 180° Celsius 30 Minuten lang backen. Das zweite Ei und die Milch schlagen und nach 30 Minuten Backzeit in die Auflaufform gießen. Lorbeerblätter auf die Flüssigkeit legen. Weitere 30 Minuten backen und das *Bobotie* ist fertig! Mit Safranreis, Chutney, geviertelten Mandeln und Bananenscheiben servieren.

Toleranz
Wir sind so frei

Durch die Kapstädter Innenstadt spazieren Männer mit jüdischen Kippas, sonnengebräunte Mädels mit sehr, sehr knappen Hotpants, dazwischen junge, hübsche Musliminnen mit lose umgebundenen Kopftüchern.

Burkas und andere Anzeichen von radikalem Islamismus sieht man hier dagegen nicht. Sehr wohl aber *Zulus*, *Xhosas*, Juden und Christen, die sich an den Ruf des Muezzin und die Geschäftspause zum muslimischen Freitagsgebet gewöhnt haben und weiße Konzernchefs, die sich damit arrangiert haben, dass ihre Mitarbeiter vor großen Geschäftsentscheidungen auch gerne einmal ihre toten Ahnen um eine Einschätzung bitten. In Durban mischt sich unter *Zulu*-Ahnenkulte, afrikanische Freikirchen, Islam, Judentum und Anglikanismus dank der großen indischstämmigen Gemeinde auch exotischer Hinduismus. Die kleinere, aber präsente chinesische Gemeinde im Land praktiziert dagegen den Buddhismus.

In keinem anderen Land der Welt ist das Zusammenleben in religiöser und kultureller Hinsicht so tolerant, bunt und egalitär wie in Südafrika. Sogar zwei unterschiedliche Rechtssysteme gelten hier: das westlich orientierte Staatsrecht und das afrikanische Gewohnheitsrecht. In europäischen Staaten haben Zuwanderer unterschiedliche Religionen und Kulturen mitgebracht. In Südafrika ist es das eigene Volk, das unterschiedlichen Glaubensrichtungen, Kulturen und Rechtskonzepten anhängt. Die Toleranz und Akzeptanz reicht hierzulande also bis zur Gründung des Landes zurück, als Siedler und Abenteurer aus aller Herren Länder in dieses verheißungsvolle Land kamen.

Fynbos
Der brennende Busch

Ein kleiner Windstoß und das ganze Auto duftet würzig-frisch nach *Fynbos*, wie auch die Landschaft draußen. Beim Vorbeifahren schimmern die runden Bergkuppen graubraun.

Sie sind bedeckt mit niedrigen Sträuchern. Das Hartlaubpanorama sieht zwar sehr schön und ein bisschen wüstenhaft aus, aber doch eher unspektakulär. Vor allem angesichts der Tatsache, dass sich in diesen Büschen eines der beeindruckendsten, ältesten und artendichtesten Pflanzenreiche der Welt versteckt.

Am Kap blühen über 9.700 *Fynbos*-Arten und die meisten blühen auch nur hier, denn sie sind endemisch. Allein auf dem Tafelberg wachsen mehr Pflanzenarten als in ganz Großbritannien.

Manche *Fynbos*-Pflanzen haben harte, ledrige Blätter, manche wiederum sehr kleine, feine Blätter mit gebogenen oder eingerollten Enden, andere dagegen haben überhaupt keine Blätter, sondern nur Stamm und Blüte – *Fynbos* ist aus der Nähe besehen wesentlich faszinierender und vielfältiger als auf den ersten Blick. Das Wort *Fynbos* (ausgesprochen wird es »feinbos«) kommt im Übrigen aus dem Afrikaans und bedeutet »feingliedriges Gebüsch«.

Einige *Fynbos*-Arten sind über 60 Millionen Jahre alt. Zum Überleben brauchen sie das Feuer, denn einige *Fynbos*-Zapfen setzen erst bei einem Brand ihre Samen frei. In der Region Grootbos entdeckte man nach einem Großbrand vor einigen Jahren sogar 70 neue Pflanzenarten. Die berühmteste *Fynbos*-Art ist der *Rooibos*, die schönste die *Protea* (siehe Seite 252).

South African Police Services (SAPS)
Nicht aus der Ruhe zu bringen

Ich parke mein Auto in der Kapstädter Innenstadt vor einem Hauseingang mit Sicherheitswächter und zwei Überwachungskameras. Als ich zwei Stunden später zurückkomme, finde ich nur den abgeschraubten Türgriff neben dem Bordstein.

Der Wächter hat »nichts gesehen«. Also laufe ich zur Polizeistation und erkläre der erstbesten Frau in Polizeiuniform was passiert ist, zeichne auf ein Stück Papier Tatort und Lage der Kameras, halte den Türgriff hin und schimpfe über den *Security Guard* (siehe Seite 226). Als ich meinen verzweifelten Redeschwall beende, schaut sie mich verdattert an und fragt: »Auto weg?«

Sofort realisiere ich, dass mir diese Frau keinesfalls weiterhelfen wird und bestehe darauf, ihren Vorgesetzten zu sprechen. »Detective Adams« wirkt Lichtjahre kompetenter. Er behält den Türgriff als Beweismaterial und verspricht, der Sache auf den Grund zu gehen. Ein Jahr vergeht, und Detective Adams hat nicht einmal das Video der Sicherheitskameras angeschaut.

Als ein Freund seinen Autounfall meldet, legt der Polizeibeamte bei der Aufnahme des Falles den Kopf auf den Tisch und schnarcht weg. Der Vater eines Bekannten wird am helllichten Tag vor seinem Geschäft erschossen – und von den Tätern fehlt trotz neun Zeugen jede Spur. In Manenberg entwischt ein hinkender Gangster vor den Augen der versammelten Gemeinde. Der Polizist, der ihn jagt, kommt nicht hinterher.

Südafrikanische Polizisten sind die vermutlich langsamsten, am wenigsten gestressten und zugleich am besten gelaunten Polizisten der Welt. Immer für einen kleinen Scherz zu haben. Allerdings auch immer ein Überraschungspaket. Der eine kennt jeden *Tsotsi* (»Taschendieb«) der Innenstadt, der nächste versteht kein Englisch. Der eine jagt unter Lebensgefahr Schwerstkriminelle, der nächste lässt sich von einer Bagatelle wie einem gestohlenen Golf nicht aus der Mittagspause jagen. Eine Sache muss man ihnen aber zugutehalten: Für durchschnittlich 350 Euro Monatsgehalt verrichten sie den vermutlich härtesten Job im Land.

Cider
Drink für 300 Sonnentage

300 Sonnentage im Jahr, viele Sundowner-Stelldichein und Terrassenpartys erfordern ein frauenfreundliches Pendant zum kalten Bier.

Deswegen hat eine südafrikanische Brauerei für alle Ladies – und auch Herren –, die Bier zu bitter finden und sich um fünf Uhr nachmittags und 30 Grad Außentemperatur nicht gleich mit hochprozentigen Mischgetränken abschießen wollen, das Kultgetränk *Cider* auf den Markt gebracht: einen Cidre.

In Anspielung auf die trockene, südafrikanische Savanne, verheißt eine der südafrikanischen Cider-Sorten in seiner gekühlten, biergroßen Glasflasche in apfelgrüner Farbe mit Zitronenscheibe im Flaschenhals bereits auf den ersten Blick Abkühlung.

Und die Verpackung hält, was sie verspricht. *Cider* schmeckt erfrischender als ein Bier, ist durstlöschender als ein Mojito, anregender als ein Glas Rotwein, gesünder als ein Alcopop, spannender als eine Saftschorle und deswegen eines der beliebtesten Getränke in Südafrika – nicht nur bei Frauen.

Respekt vor dem Alter
Wir haben die Sonne vor dir gesehen

Zwei Prinzipien regeln das zwischenmenschliche Miteinander bei den schwarzen Völkern von Südafrika: *uBuntu* (siehe Seite 136) und der Grundsatz, dass den Ältesten der Gemeinde Respekt gebührt.

Im Alltag bedeutet Respekt vor dem Alter, dass Ältere mit »Mutter« oder »Vater« angesprochen werden, nicht angestarrt werden und Kritik ihnen gegenüber, wenn überhaupt, diplomatisch und nicht konfrontativ geäußert wird.

In den unterschiedlichen südafrikanischen Kulturen gibt es viele Sprichwörter über die Wichtigkeit des Respekts vor dem Alter:

Tswana

»*Ke gu bonetse letsatsi pele.*« – »Ich habe die Sonne vor dir gesehen.«

Die Bedeutung: Ich wurde geboren, bevor du überhaupt sehen konntest; die Erfahrung hat mich viel gelehrt.

Nord-*Sotho*

»*Mukola kuzhika mambo a nsulo.*« – »Ein Fluss fließt tief aufgrund seiner Quelle.«

Die Bedeutung: Ältere und Eltern sind die Quelle des eigenen Lebens; sie müssen deswegen geschätzt und respektiert werden.

Xhosa

»*Intaka yakha ngoboya bezinye.*« – »Ein Vogel fliegt mit den Federn anderer.«

Die Bedeutung: Mit der Hilfe der älteren Generationen lernt der Mensch zu fliegen.

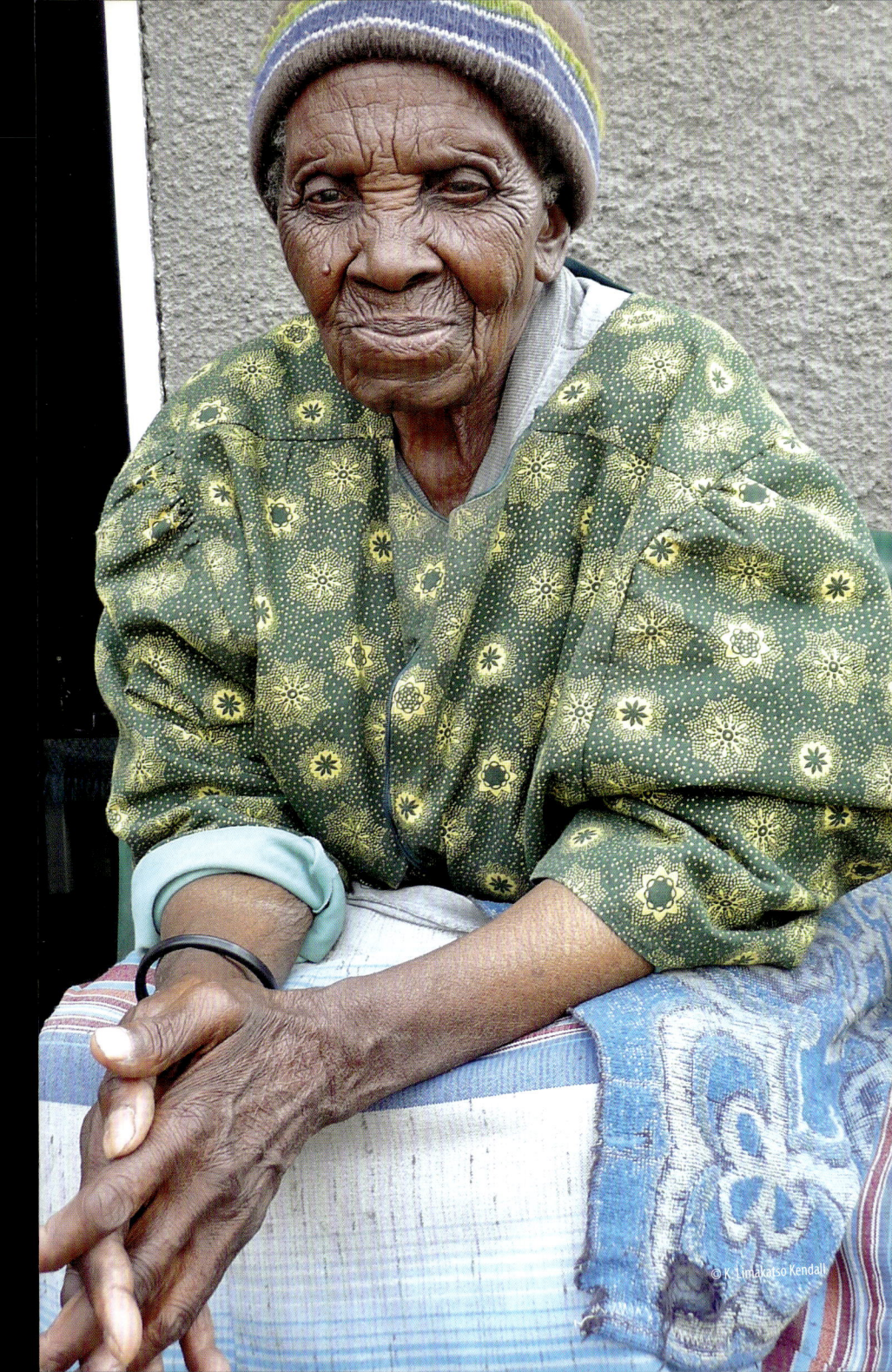

© K. Limakatso Kendall

Security Book
Das südafrikanische Sicherheitsgeheimnis

Gegen Kriminalität hilft nur eins: ein ausgetüfteltes Sicherheitssystem. Das gilt sowohl für den Wohnbereich, als auch das Auto, als auch den Arbeitsplatz.

Südafrikaner haben aufgrund ihrer umfangreichen Felderfahrungen für alle drei Bereiche hochspezialisierte Sicherheitskonzepte entwickelt, die man anderswo auf der Welt vergeblich sucht. Eines davon ist der *Blaster*, der Feuerwerfer für das Auto, ein anderes das *Security Book* für den Arbeitsplatz.

Jeder Arbeitgeber, der das Leben seiner Angestellten nicht leichtsinnig aufs Spiel setzten will, investiert in eins. Dieses wird vom Rezeptionisten geführt, der an der Eingangstüre des Bürohauses sitzt. Zusammen mit zwei Mann Sicherheitspersonal stellt er sicher, dass niemand in das Bürogebäude eindringt, ohne sich vorher im *Security Book* identifiziert zu haben. Nicht der Brötchenverkäufer von gegenüber, nicht der Postmann, der jeden Tag kommt, und schon gar nicht irgendein Besucher. Nur Angestellte des jeweiligen Bürogebäudes sind von dieser Sicherheitsmaßnahme ausgenommen, weil das tägliche Ausfüllen des Buches sonst zu viel Arbeitszeit kosten würde, immerhin hat es ein Dutzend Felder:

1. Nachname, Vorname
2. Adresse
3. Beruf
4. Telefonnummer
5. Personalausweisnummer
6. Welche Firma wird besucht?
7. Welche Person?
8. Aus welchem Grund?
9. Tragen Sie eine Waffe bei sich?
10. Datum
11. Uhrzeit des Einganges
12. Uhrzeit des Ausganges
13. Unterschrift

Der Clou: Im Fall eines Diebstahls kann anhand des *Security Book* genau rekonstruiert werden, wer sich zur Tatzeit im Gebäude aufgehalten hat – und so der Täter entsprechend schnell gefasst werden. Denn der Kriminelle schreibt auch ohne Passkontrolle wahrheitsgemäß Name, Anschrift und Telefonnummer in das Sicherheitsbuch, bevor er den Safe oben ausräumt. Und bei der Frage »Führen Sie eine Waffe bei sich?«, kreuzt er »ja« an. Immer.

VISITORS COMPANY		ACCEPTANCE OF INDEMNITY AND CONDITIONS OF ENTRY	BUSINESS	CONTRACTOR	TRAINING	DELIVERY	TOUR		PLEASE COMPLETE FIREARM REGISTER		TELEPHONE
									YES	NO	
DEPARTMENT		SIGNATURE						Purpose of visit			

TO BE COMPLETED BY HOST			TIME ARRIVED	TIME LEFT
NAME		SIGNATURE		

THIS PERMIT IS TO BE HANDED TO THE PERSON YOU ARE VISITING AND RETURNED TO THE SECURITY OFFICER/S ON DUTY WHEN YOU LEAVE

SAFETY AND SECURITY INSTRUCTIONS

...ve, accept that I enter the premises at my own risk entirely, and company shall not be liable for any loss or damage howsoever g, to my person or property. Despite the fact that I am aware of ...tion which the law affords me and my dependants in relation to loss suffered in these circumstances, I hereby waive on my ...and on behalf of my dependants and those whom I legally ...any claims which I or they may have arising out of injury, loss or ...occurring to myself or my property while on the premises.

...RE NOW ENTERING A RESTRICTED AREA.
...E FREE BUILDING.
...TY TO SEARCH. THE COMPANY RESERVES THE RIGHT TO ...H VISITORS AT ANY TIME AND TO INSPECT ANY ...NERS, VEHICLES ETC. TAKEN INTO OR OUT OF THE ...ANY'S PREMISES.
...SIVE WEAPONS, INTOXICATING LIQUOR, DRUGS AND ...RAS ARE PROHIBITED ON COMPANY PROPERTY.

S 240826

VISITORS COMPANY		ACCEPTANCE OF INDEMNITY AND CONDITIONS OF ENTRY	BUSINESS	CONTRACTOR	TRAINING	DELIVERY	TOUR	No. IN PARTY	FIREARM DECLARATION YES PLEASE COMPLETE FIREARM REGISTER		TIME IN
											TELEPHONE
DEPARTMENT		SIGNATURE							YES	NO	
								Purpose of visit			

TO BE COMPLETED BY HOST			TIME ARRIVED	TIME LEFT
NAME		SIGNATURE		

THIS PERMIT IS TO BE HANDED TO THE PERSON YOU ARE VISITING AND RETURNED TO THE SECURITY OFFICER/S ON DUTY WHEN YOU LEAVE

SAFETY AND SECURITY INSTRUCTIONS

...ve, accept that I enter the premises at my own risk entirely, and ...company shall not be liable for any loss or damage howsoever g, to my person or property. Despite the fact that I am aware of ...ction which the law affords me and my dependants in relation to ...x loss suffered in these circumstances, I hereby waive on my ...alf and on behalf of my dependants and those whom I legally ...t, any claims which I or they may have arising out of injury, loss or ...occurring to myself or my property while on the premises.

...RE NOW ENTERING A RESTRICTED AREA.
...KE FREE BUILDING.
...UTY TO SEARCH. THE COMPANY RESERVES THE RIGHT TO ...H VISITORS AT ANY TIME AND TO INSPECT ANY ...TAINERS, VEHICLES ETC. TAKEN INTO OR OUT OF THE ...PANY'S PREMISES.
...NSIVE WEAPONS, INTOXICATING LIQUOR, DRUGS AND ...ERAS ARE PROHIBITED ON COMPANY PROPERTY.

S 240827

VISITORS COMPANY		ACCEPTANCE OF INDEMNITY AND CONDITIONS OF ENTRY	BUSINESS	CONTRACTOR	TRAINING	DELIVERY	TOUR	No. IN PARTY	FIREARM DECLARATION YES PLEASE COMPLETE FIREARM REGISTER		TIME IN
											TELEPHON
DEPARTMENT		SIGNATURE							YES	NO	
								Purpose of visit			

SAFETY AND SECURITY INSTRUCTIONS

...ve, accept that I enter the premises at my own risk entirely, and ...comapny shall not be liable for any loss or damage howsoever ...g, to my person or property. Despite the fact that I am aware of ...or loss suffered in these circumstances, I hereby waive on my ...half and on behalf of my dependants and those whom I legally ...nt, any claims which I or they may have arising out of injury, loss or ...e occurring to myself or my property while on the premises.

...RE NOW ENTERING A RESTRICTED AREA.

TO BE COMPLETED BY HOST			TIME ARRIVED
NAME		SIGNATURE	

»Arms deal bombshell« – »Bombenenthüllung über Waffenhandel«

»How K. became rich after he persuaded a poor community to participate in mining deal« – »Wie K. zu Wohlstand kam, nachdem er eine arme Gemeinde überredete, bei einem Bergbau-Deal mitzumachen«

»State spends billions on consultants to do the job« – »Staat gibt Milliarden aus, damit Berater die Arbeit machen«

Jeden Sonntag sorgen die Schlagzeilen der *Sunday Times*, der Sonntagszeitung mit der höchsten Auflage, für Empörung unter den Lesern und für Angst unter all denjenigen Geschäftsleuten und Politikern, die gerade wieder bei einem krummen Geschäft erwischt wurden. Seit der Demokratisierung des Landes haben die couragierten und investigativen Journalisten südafrikanischer Qualitätszeitungen korrupte Geschäfte und Zwielichtiges ans Licht der Öffentlichkeit gezerrt. Unter dem Druck der Zeitungen ist die südafrikanische Regierung der Öffentlichkeit rechenschaftspflichtig geblieben, trotz ihrer Dominanz und Zweidrittelmehrheit. Südafrikanische Medien haben im Interesse der Öffentlichkeit oft interveniert und das unermüdliche Feedback hat Wirkung bei der Regierung gezeigt.

Seit Meinungsfreiheit herrscht, ist der Journalismus in Südafrika aufgeblüht. Kolumnisten beobachten, analysieren und kommentieren aus den unterschiedlichsten Perspektiven – die der westlichen Demokratie, des Islams oder traditioneller afrikanischer Stammeskultur – was in ihrem Land passiert und tragen dazu bei, dass sich die hart erkämpfte Demokratie festigt.

AFRICAN BILL OF RIGHTS

be discriminated against on grounds of race, gender, pregnancy, marital status, ethnic
in, colour, sexual orientation, age, disability, religion, conscience, culture or language.
s inherent dignity and the right to have their dignity respected

as the right to life.

as the right to f

al and not to be

y be subjected

has the right to

has the right to

has the right to

e has the right,

etitions.

e has the right to

e is free to make

fair and reg

Protection-of-Information-Gesetz
»Presse bedroht Demokratie«

»Jeder hat das Recht zur freien Meinungsäußerung.
Das schließt ein:

a) die Freiheit der Presse und jedes anderen Mediums;

b) die Freiheit, Informationen und Ideen zu
empfangen und weiterzugeben.«

Kapitel 2 Paragraf 16 der Bill of Rights (»Grundrechte«)

Die südafrikanische Verfassung wurde 1997 verabschiedet und gilt als eine der fortschrittlichsten Verfassungen der Welt. Ihren Bürgern garantiert sie das Recht zur freien Meinungsäußerung. Nur 14 Jahre nach der Verabschiedung der neuen Verfassung stimmte das südafrikanische Parlament trotz Widerstands von Zivilgesellschaft, Opposition, Gewerkschaften und Persönlichkeiten wie Desmond Tutu und Nelson Mandela für das umstrittene *Protection-of-Information*-Gesetz (»Gesetz zum Schutz von Informationen«), in dem es unter anderem heißt:

- »Jeder Führer einer staatlichen Organisation kann Material als Staatsgeheimnis klassifizieren.«
- »Der Besitz von klassifiziertem Material ist eine Straftat.«
- »Verteilung und Veröffentlichung von klassifiziertem Material kann mit einer Haftstrafe von 15-25 Jahren bestraft werden.«

Gegner des neuen Gesetzes befürchten, dass Journalisten in Zukunft nicht über Korruption berichten können, ohne Haftstrafen von bis zu 25 Jahren befürchten zu müssen, da nun jeder Minister Material, das ihm nicht gefällt, als »Staatsgeheimnis« klassifizieren kann. Blade Nzimande, Befürworter des *Protection-of-Information*-Gesetzes, sagte im Jahr 2010 als er das Amt des »Ministers für höhere Bildung« bekleidete, zu dessen Verteidigung:

»Es gibt nur eine ernsthafte Bedrohung gegen die Demokratie in unserem Land: eine freie Presse.«

Hijacking
Alptraum Autoüberfall

Gestern Abend sprach mich in einer Bar Brendan an, er wirkte ernst und etwas schüchtern. Irgendwann erzählte er mir folgende Geschichte:

Kein Tag vergeht, an dem ich nicht den Moment durchspiele, an dem ich überfallen und mein Auto entführt wurde. Zwei Wochen zuvor war ich befördert worden und hatte mir gerade einen gebrauchten Mini Cooper zugelegt. Damit holte ich meinen besten Freund Marc ab, um ihm mein neues Gefährt zu zeigen und eine kleine Spritztour durch den Johannesburger Norden zu unternehmen.

Bestens gelaunt wartete ich vor seiner Wohnung und hörte laut Musik, den Motor noch eingeschaltet, den Schlüssel im Zündschloss, als ich im Rückspiegel zwei junge Männer bemerkte, die in meine Richtung kamen. Sie sahen unauffällig aus und liefen auf dem Bürgersteig an mir vorbei. Ich beachtete sie schon nicht mehr, da merkte ich, dass der eine von ihnen auf einmal zurückspazierte und neben dem Beifahrerfenster stehen blieb. Bevor ich begriffen konnte, dass das schwarze Metall, das er unter seinem Pullover hervorholte und gegen die Scheibe drückte eine Waffe war, schoss er auf mich. Das Glas zersprang, ich duckte mich, aber er hörte nicht auf zu schießen. Er schoss auf meine Beine, so dass ich weder wegfahren noch wegrennen konnte, setzte sich zu mir in den Wagen, öffnete die Tür, verfluchte mich. Ich sah kurz mein Leben an mir vorbeiflashen und war mir sicher – jetzt bin ich tot. Er warf mich wie einen Sack aus dem Auto und fuhr davon.

Der ganze Vorgang, der mich in ein ängstliches, erschüttertes, panisches Wrack verwandelt hat, kam mir, während er passierte, wie eine halbe Ewigkeit vor. Später stellte sich heraus, dass alles nicht länger als eine Minute gedauert hatte.

Über 16.000 Autofahrer, fast ausschließlich in der Provinz Gauteng, werden in Südafrika jedes Jahr Opfer von *Hijackings* (»Entführungen«, »Autoüberfällen«). Manche kommen bei den Attacken um. Bei einem *Hijacking* steigen die Angreifer zum Fahrer ins Auto. Wenn sie es auf das Auto abgesehen haben, werfen sie den Fahrer aus dem Auto und fahren davon, wenn sie es auf Bargeld abgesehen haben, kidnappen sie den Fahrer und zwingen ihn, an Geldautomaten Geld für die bewaffneten Kidnapper abzuheben. *Hijackings* werden von organisierten Syndikaten verübt und haben zugenommen, weil südafrikanische Autos mittlerweile so gut gegen Diebstahl gesichert sind, dass ein bewaffneter Angriff die einzige Möglichkeit ist, um an den Wagen zu kommen. Dabei verläuft das meistens so: Bestimmte Automodelle werden im Ausland bestellt. Die *Hijacker* spähen die Besitzer bestellter Automodelle aus und greifen bei erstbester Gelegenheit an.

HI-JACKING
HOT SPOT

13:30

© Herby Hönigsperger

Security Guard
Mission Stillstand

Jeden Abend um 21 Uhr beginnt Siphos Schicht. Seine Aufgabe für die kommenden zwölf Stunden ohne Pause: vor einem Parkhauseingang stehen und sicherstellen, dass niemand hineinspaziert, der nicht hineingehört.

Sipho kann froh sein, dass er einen festen Job hat. Die meisten jungen Männer in seinem Township sind arbeitslos, dagegen ist ein Zwölf-Stunden-Stehjob für umgerechnet 160 Euro im Monat Luxus.

Wenn Sipho am Parkhauseingang steht, laufen Menschen auf dem Weg in die Bars und Restaurants der Stadt an ihm vorbei, und einige Stunden später schleichen sie angetrunken zu ihren Autos zurück. Das ist der spannende Teil seiner Schicht.

Die ganze Zeit über steht Sipho. Ab und zu lehnt er sich gegen die Wand, und wenn seine Beine zu sehr schmerzen, dreht er einen kleinen Kreis. Wenn alle gegangen sind, bleibt Sipho immer noch da stehen, mit müden Beinen und ganz ohne Ablenkung. Und sogar wenn die ersten Menschen am nächsten Morgen zum Arbeiten in die Stadt kommen und auf der Straße vor ihm parken, steht er immer noch da.

Security Guards stehen in den Innenstädten fast an jeder Ecke. Sie arbeiten für Stadtverwaltungen, Unternehmen, Geschäfte oder auch Privatpersonen und halten durch ihre Präsenz Kriminelle davon ab, einzubrechen.

Viele sagen, *Security Guard* (»Sicherheitswächter«) ist der einfachste Job der Welt, denn dafür muss man nichts studieren und nichts wissen. Das ist nicht wahr. *Security Guard* ist der vermutlich härteste Job der Welt. Einen Job ohne Inhalt, ohne Ziel, ohne Perspektive, ohne Anspruch, ohne Anforderung, ohne Wertschätzung, ohne Zeit, die vergeht, tagein, tagaus, stehend, nachts und für einen Hungerlohn zu verrichten – so viel Selbstdisziplin aufzubringen, schaffen nur die wenigsten.

Polygamie
Wer hat, der hat Ehefrauen

Mit einem kurzen Rock aus Tierfellen um die Lenden, Leopardenhäuten über den Schultern, einem Speer in der rechten, einem Schild in der linken Hand und modernen weißen Tennisschuhen tanzt Präsident Jacob Zuma den Hochzeitstanz, während ein Dutzend traditionell bekleideter _Zulu_-Krieger mit ihrem Gesang den Takt angeben.

Die hübsche, füllige Braut stapft tanzend in seine Richtung und zeigt damit offiziell, dass sie seinen Heiratsantrag akzeptiert – auch wenn sie die bereits fünfte Frau des Präsidenten ist.

Nicht nur Präsident Jacob Zuma hat mehrere Frauen. Polygamie ist bei vielen südafrikanischen Völkern Brauch und als Teil der traditionellen Stammeskultur rechtlich geschützt. Die Anzahl der Frauen und Kinder zeigt von jeher den sozialen Status eines Mannes an. Von Mitgliedern des Stammadels wird Polygamie erwartet. Heutzutage wird sie hauptsächlich in den ländlichen Gebieten praktiziert und weniger in den Großstädten, wo westliche Statussymbole die traditionellen mehr und mehr ersetzen.

In Ländern, in denen Polygamie illegal ist, sorgen öffentliche Auftritte des Präsidenten für Furore. Und auch in Südafrika erregen öffentliche Auftritte im Vorfeld Rätselraten. Die große Frage ist immer: Wer wird dieses mal First Lady?

©Phillipa Malenoir

Gorilla, Gear Lock & Immobilizer

Das ABC des Autodiebstahlschutzes

Beleuchteter Schminkspiegel, heizbarer Ledersitz, elektrisches Schiebedach? Beim Autokauf in Südafrika alles sekundär. Der relevante Schnickschnack hierzulande heißt: *Alarm, Gorilla, Immobilizer* und *Gear Lock.* Kurz: alles, was dabei hilft, einem Autodiebstahl vorzubeugen.

Die erste Sicherheitsmaßnahme ist der Alarm. Er schreit los, sobald eine unautorisierte Person an Kofferraum oder Türgriff herumfummelt. Allerdings gibt es Eindringlinge, die dieses Schutzschild überwinden. Die bekommen es dann mit der zweiten, ausgeklügelteren Sicherheitsstufe zu tun: *Gorilla, Gear Lock* und *Immobilizer,* denn diese verweigern dem Eindringling, der es trotz Alarm in den Wagen geschafft hat, die Fahrt.

Der *Gorilla* (»Lenkradsperre«) ist eine sperrige Zange, die das Bewegen des Lenkrads verhindert. Das *Gear Lock* (»Gangschaltungssperre«) vereitelt das Schalten der Gänge, zumindest ohne den passenden kleinen Schlüssel und die entsprechende Entriegelung. Und neben *Gorilla* und *Gear Lock* überprüft der geniale *Immobilizer* (»Wegfahrsperre«) über ein im Auto installiertes Magnetfeld, ob der ins Zündschloss eingeführte Schlüssel auch der korrekte Schlüssel ist. Wenn nicht, wir die Zündung nicht freigegeben – selbst wenn der Schlüssel passt.

Der *Immobilizer* schützt dabei nicht nur gegen Diebstahl des eigenen Autos, sondern auch davor, dass man selbst unbeabsichtigt mit einem fremden Fahrzeug wegfährt. Selbst wenn ein südafrikanischer Golf-, Opel-, Ford- oder Mazda-Fahrer keinen Diebstahl plant, kann ihm schnell passieren, dass er in einen roten Wagen einsteigt, gerade losfahren will und dann auf einmal befremdet feststellt, dass er weder das pinke Stofftier am Spiegel angebracht, noch die CD mit dem esoterischen Goa-Geklimper in den CD-Player geschoben hat. Sein Schlüssel passt zwar in Tür und Zündschloss, aber der *Immobilizer* gibt ihm zu verstehen: Dieses Auto gehört nicht dir!

Das Problem: In Südafrika zirkulieren für diverse ältere Automodelle die exakt gleichen zehn Zündschlüssel.

Ein umfassender Schutz gegen *Hijacking* (»Autoüberfall«, siehe Seite 224) ist insbesondere in Johannesburg wichtig. Denn teure Fahrzeuge, von denen es hier sehr viele gibt, sind der Geschäftsbereich jedes *Hijackers*.

Das *Anti-Hijack*-System verriegelt bei jeder Fahrt automatisch die Türen des Fahrzeugs, damit kein bewaffneter Autodieb in das an der Ampel stehende Auto steigen kann. Zudem aktiviert das raffinierte *Anti-Hijack* jedes Mal den Alarm, wenn der Wagen hält und eine Tür aufgeht (und womöglich ein *Hijacker* einsteigt). Der Alarm kann dann nur mittels eines versteckten Knöpfchens am Wagen wieder ausgeschaltet werden. Bis der *Hijacker* das Knöpfchen gefunden hat, weiß jeder in der Umgebung, dass mit dem laut hupenden Auto etwas nicht stimmt.

Wenn es dem Dieb dennoch gelingt, mit dem Auto zu entwischen, ist der *Tracker* das Sicherheitsextra, das greift: Egal in welchem Township er den Wagen versteckt, mittels *Tracker* (»Autoverortung«) hat ihn die zahlungsunwillige Autoversicherung schwuppdiwupp gefunden und in der Regel auch schon abgeholt, bevor die Polizei die Diebstahlakte fertiggeschrieben hat.

Ende der 1990er-Jahre konnten sich südafrikanische Autofahrer sogar mit einem *Blaster* (»Flammenwerfer«) gegen *Hijacker* ausstatten – das gab es sonst nirgendwo auf der Welt. Der *Blaster* spritzte brennendes Flüssiggas aus an den Vordertüren angebrachten Düsen, wodurch den bewaffneten Eindringlingen drei Meter lange Flammen ins Gesicht schossen. Der Erfinder des *Blaster* war im Übrigen der Südafrikaner Charl Fourie, der mit dem Johannesburger Straßendschungel bestens vertraut war.

LE PROTECTED
-HIJACK SYSTE
SE STAY CLEAR

»Mann, die Dinge sind echt anders zwischen Weiß und Schwarz.« – **Trevor Noah betritt in einem schwarzen Anzug die Johannesburger Theaterbühne, seine Comedyshow ist für die nächsten Wochen ausverkauft:***

Für Weiße gibt es nichts Schlimmeres, als sich in der Öffentlichkeit zu blamieren. Nichts! Sie hassen es. Sie fürchten es regelrecht. Sie fürchten es so sehr, dass sie eine bauchrednerartige Sprechtechnik entwickelt haben *(Noah presst bedrohlich klingende Satzfetzen aus seinem Mund)*: »Lgnsofort! Dusofort! Habigsagt!«

Letztens im Supermarkt ist mir das wieder aufgefallen. Wenn Weiße mit ihren Frauen streiten, hörst du ein unterdrücktes Geschrei, kannst aber nie sehen, woher das Geschimpfe kommt. Sobald du in den Gang mit den Konserven biegst, strahlt dich auf einmal dein weißer Nachbar an: »*Howzit, Bru?* Geht's gut? Ha-ha-ha-ha-ha. Ja, ja. Fabelhaft. Fa-bel-haft!«, als durchlebte er grad das Highlight seiner Woche. Kaum schiebst du deinen Wagen weiter, hörst du wieder das drohende Gekreische.

Schwarzen ist das schnuppe. Wenn wir streiten, geraten wir außer Rand und Band, egal wo wir uns befinden. Wie letzten Samstagvormittag mit meinem Onkel und meiner Tante im Supermarkt. Keine Ahnung, was passiert ist, keine Ahnung, was der Auslöser war, auf einmal drehe ich mich um und sehe meinen Onkel komplett ausrasten. Er trampelt wild auf den Boden, schmeißt tobend die Arme in die Luft und schreit meine Tante an: »Waai? (Why?) Waai? Wa-aaaaaai? Waaai, Patrizia? Waaaaaai? Patrizia, du machst mich fertig! Du bringst mich um! Dieses Ding hier ist viel zu teuer«.

(Das Publikum lacht, schwarze Südafrikaner am lautesten, sie lieben Noahs perfekt imitierten Xhosa-Akzent. Als es still wird, legt er in ohrenbetäubender Lautstärke nach.) »ZWEI LAGEN – für was? ZWEILAGIG für waaas, Patrizia? EINE LAGE ist doch genau dasselbe, Patrizia!«

---

* Aus: Trevor Noah, *The Daywalker* (DVD), 2009 (aus dem Englischen von Elena Beis).

© Lino Steenkamp

Black
Dreihundert Farben: Schwarz

128

Pap: südafrikanischer Maisbrei (siehe Seite 80)

Umqombothi: selbstgebrautes Bier, wird viel in ländlichen Gebieten Südafrikas getrunken (siehe Seite 81)

Mugodu: traditionelles südafrikanisches Gericht aus Kutteln, Innereien, Kartoffeln und Karotten

Spaza Shop: südafrikanische Tante-Emma-Läden in Townships und ländlichen Gebieten (siehe Seite 262)

Magwinya: Fettgebäck

Spottie: Typische *Kwaito*-Szenekleidung sind der *Spottie*-Hut (ein flexibler Sonnenhut) und die *All-Stars*-Schuhe:

Laduma: Südafrikanischer Ausruf, wenn beim Fußball ein Tor fällt (siehe Seite 168)

ngcx: diese Buchstaben stehen im *isiXhosa* (siehe Seite 46) für unterschiedliche Klick- und Schnalzlaute

Noleena: beliebte südafrikanische Fernsehmoderatorin

Aus *Question* von Makgano Mamabolo:* Was macht uns schwarz?

Ist es ...

die Farbe unserer Augen	unserer Haut	unseres Haars
die Form unserer Nase	unserer Hüfte	unseres Arschs
das *rrr* unseres Akzents	unsere Lippen	unsere Saliva
das »*Eish*« unserer Ermüdung	unser »*Oke-ji*«	unser »*Sorry-ne*«
unser *Pap*	unser *Umqombothi*	unser *Mugodu*-Mahl
der *Spaza Shop* an unserer Ecke	unsere Vaseline	unser *Magwinya*
der Ort unser *Shebeen*	unser *Blacklabel*-Bier	unser kreisender Tanz
das *All-Star* unseres Schuhs	unser *Spottie*	unser goldener Zahn
der Kick unseres Fußballs	unser Boxkampf	unser »*Laduuu-ma*«
der Dreh unseres Handschlags	unsere Flöte	unser *ngcx*-Klick
das Viva! auf unseren Mandela	unsere Oprah	unsere Noleena
die Lautstärke unseres Lachens	unseres Schreis	unserer Liebe
die Knochen unserer Ahnen	unser Geist	– ist es das?

---

* Aus: Makgano Mamabolo, *Question*, in: *We Are*, Natalia Molebatsi
(Hg.), Johannesburg, 2008, S. 40 (aus dem Englischen von Elena
Beis). **Makgano Mamabolo** ist eine bekannte südafrikanische
Fernsehschauspielerin und Schriftstellerin.

Die Gabe, nichts in etwas zu verwandeln
Eine kleine, inspirierende Geschichte

Babes, so heißt Honorattars kleiner, lichtdurch-fluteter Frisiersalon in Khayelitsa, dem ärmsten Kapstädter Township. Ein aus Wellblechwänden, Fenstern und Türen unterschiedlicher Form und Farbe zusammengeschusterter Raum.

Draußen macht ein handbeschriebenes Stück Pappe auf den Salon aufmerksam, innen stehen auf einem alten Holztisch zwei Spiegel, daneben ein Plastikregal mit Handtüchern, Haarklammern und Bürsten. Setzen können sich ihre Kunden auf Holzhocker oder Plastikstühle. Aus Modekatalogen ausgeschnittene Bilder verzieren die Wände. Ein Stück PVC mit Holzdielenmuster bedeckt den sandigen Boden – es ist sehr gemütlich hier.

»Als ich mit *Babes* angefangen habe, war es nicht leicht. Ich bin in keine Schule gegangen, um Frisieren zu lernen. Ich wusste nicht, wie man ein Geschäft führt, ich wusste nicht, wie man Haare schneidet, aber ich habe es ausprobiert«, sagt Honorattar.

Tagsüber putzt Honorattar die Häuser wohlhabender Familien und verdient so ein wenig Geld. Sie verdient gerade einmal genug zum Überleben, hat aber von dem wenigen Geld monatelang gespart: »Ich habe davon nacheinander Zinkblech, Pfähle, Fenster und eine Tür gekauft. Ich habe ein Zinkblech neben meinem Wohnzimmer aufgestellt, dann das zweite, dann das dritte, dann das vierte, und so hatte ich den Raum. Danach habe ich den Tisch, die Spiegel und den Schrank gekauft. Zuletzt das Spülbecken.«

Ihr Frisierbecken ist eine kleine Küchenspüle. Das Wasser fließt aus einem an der Wand befestigten Wasserhahn und fällt durch den Abfluss im Spülbecken in einen darunter stehenden Eimer. »Ich habe Rohre an den Wasseranschluss draußen verlegt und den Wasserhahn und das Spülbecken gekauft und so das Wasser nach innen gebracht«, sagt sie. Fließendes Wasser im eigenen Haus, das ist in Khayelista Luxus. »»»»

Unternehmergeist
»Man muss etwas tun, um etwas zu bekommen«

»Für meinen kleinen Frisiersalon *Babes* habe ich nur wenig Ausstattung und es ist nicht leicht. Manchmal kommen viele Leute, ich besitze aber nur drei Handtücher und sechs Stühle. Aber ich bemühe mich.

Die Handtücher wasche ich jede Nacht per Hand, damit ich am nächsten Morgen wieder welche habe.« Auch ausreichend Produkte im Salon zu haben, ist für Honorattar eine große Herausforderung. Die Produkte sind sehr teuer, ihre Kunden können aber nur wenig bezahlen. Also informiert sie sich, wo Produkte im Angebot sind und fährt dann zum Einkaufen dorthin.

»Ich bemühe mich, so gut ich kann. Wenn ich zum Einkaufen gehe, mache ich Werbung für meinen Salon. Ich sage zu den Leuten: ›Wenn du etwas mit deinem Haar machen möchtest, musst du zu mir kommen!‹«

Honorattars Tag beginnt um fünf Uhr früh. Ab sieben Uhr putzt sie in Kapstadt. Die Fahrt in die Stadt dauert zwei Stunden und verschluckt ein Drittel ihres bescheidenen Gehaltes von 13 Euro pro Tag. Wenn sie um 16 Uhr wieder zu Hause ist, kümmert sie sich um *Babes*, bis 21 Uhr. Das sind viele Arbeitsstunden, aber Honorattar lässt sich nicht unterkriegen:

»Ich genieße meinen Haarsalon. Ich putze die ganze Zeit. Wenn es sauber ist, dann sehe ich nicht, dass es sauber ist und putze alles noch einmal. Und wenn keine Kunden kommen, öffne ich die Tür von *Babes* und setze mich auf einen Stuhl, weil ich sehen will, wann jemand kommt.«

Honorattar verkauft in ihrem Salon auch selbstgemachten Schmuck und selbstgestrickte Mützen und Schals. Sie ist sehr begabt. »Ich bin stolz«, sagt sie, »ich habe das Gefühl, dass ich hier etwas bewirken kann. Eines Tages will ich einen großen Salon haben. Ich putze tagsüber, aber mein Salon ist meine Karriere. Ich möchte etwas mit meinen Händen tun. Ich möchte nicht herumsitzen, weil ich weiß, dass mein Talent in meinen Händen liegt. Man muss etwas tun, um etwas zu bekommen.«

Rooibos
Tee aus rotem Busch

Den tiefroten, fast braunen Tee mit dem grasigen Duft, dem süßlich-holzigen Geschmack mit einem Hauch von Karamell kann man mittlerweile fast überall auf der Welt trinken.

Dabei stammt der Inhalt jedes *Rooibos*-Teebeutelchens aus einem kleinen Gebiet in der südafrikanischen Westkap-Provinz, den *Cederberg Mountains* (»Zederbergen«). *Rooibos* ist Afrikaans für »roter Busch«. Nur hier, 250 Kilometer nördlich von Kapstadt auf 1.000 Meter Höhe gedeiht die Teepflanze. Versuche, *Rooibos* anderswo anzupflanzen, schlugen alle fehl, denn die *Rooibos*-Sträucher brauchen den speziellen Sandboden, das spezielle Klima und den speziellen pH-Wert der Zederberge, um zu wachsen.

Bereits 2.000 Jahre bevor der *Rooibos* Mitte der 1990er-Jahre in Europa populär wurde, kannten, schätzten und nutzten die *San*, die Ureinwohner Südafrikas, die wildwachsende *Rooibos*-Pflanze; zwar nicht als Tee, aber als Heilpflanze. Sie zerrieben die Blätter und legten sie auf ihre Wunden, damit diese schneller verheilten.

Auch heute wird *Rooibos* als Heilmittel, Zusatz in Kosmetika, Kaffee-Ersatz (in Südafrika bestellt man »*Red Rooibos Cappuccino*« statt »*Decaf Coffee*« – entkoffeinierten Kaffee) und natürlich als Teegetränk verwendet. Kein südafrikanischer Haushalt, in dem nicht zumindest eine Packung des mineralstoffreichen und, so sagt man hier, schlankmachenden Tees im Regal steht.

Rhino Poaching – Nashorn Wilderei
Massenmord für (k)ein Aphrodisiakum

Vier Tage und vier Nächte lang läuft der junge Vusi auf einer kleinen Lichtung des Krüger-Nationalparks gehetzt im Kreis, den Kopf nachdenklich nach unten hängend, das Gesicht vollgeklebt mit trockenem Schlamm.

Fünfzig Meter weiter schwirren ein Dutzend Aasgeier in der Luft. Genau darunter liegen Vusis Eltern am Boden. Der Kopf seines Vaters ist amateurhaft vom Rumpf abgetrennt, das Horn entfernt. Vusis Mutter liegt seitlich mit aufgeschlitztem Kopf da, auch ihr Horn fehlt. Aasgeier picken gierig an ihr.

Als Ranger den einjährigen Vusi endlich finden, kann er aufgrund von Dehydration nicht mehr sehen. Er ist so kraftlos und traumatisiert, dass er nicht einmal reagiert, als sich die Ranger nähern. Als sie Vusi sanft an seinem kleinen Höcker und Nacken streicheln, schreit er in hohen, quietschenden Tönen nach seiner Mutter und lässt sich endlich erschöpft zu Boden fallen. Dünne Tränen laufen aus seinen Augen.

Zwei Wochen lang verpflegen, streicheln und trösten Ranger, Tierärzte und Pflegepersonal Vusi und versuchen, ihn wieder aufzupeppeln. Vusis Augen erholen sich nicht, er ist fast blind. Im Pflegepark, in dem er sich erholt, freundet er sich mit Velo und Vuma, zwei ebenso verwaisten Nashörnern, an. Als es regnet, wird Vusi wegen seiner schwachen Gesundheit an einen überdachten Ort gebracht. Der kleine Vusi stirbt in derselben Nacht.

Allein 2011 wurden drei Prozent des Gesamtbestandes des bedrohten **Nashorns** gewildert, davon 448 Nashörner in Südafrika und 57 in den Nachbarstaaten. Das Nashorn wird auf dem Schwarzmarkt gegen sehr viel Geld an traditionelle chinesische Heiler verkauft. Seit Jahrhunderten glauben Chinesen an die aphrodisierende Wirkung des Nashorns, und wissenschaftliche Studien über seine medizinische Wirkungslosigkeit scheinen nichts daran zu ändern, ganz im Gegenteil, die Nachfrage nach dem exotischen Pulver steigt kontinuierlich.

© John Bassi

Coon Carnival
Die Narren sind frei

Die Straßen der Innenstadt sind mit Gittern abgesperrt, Hunderte Familien sitzen auf Klappstühlen dahinter, picknicken und warten in der brütenden Hitze auf das festliche Highlight des Jahres.

Sobald der erste Trommelschlag aus der Ferne ertönt, springen alle auf und schieben sich so nah sie können an die Gitter, um den besten Blick auf die Spielleute, Musikanten und *Coons* (»farbige Narren«) zu erhaschen, die gleich zeigen, was sie sechs Monate lang geprobt haben. Die Blasmusik aus Banjos und Trompeten und die Schläge der fassförmigen *Ghoema*-Trommel werden lauter. Endlich biegen die ersten Artisten mit ihren hohen Zylindern in die Straße. Die Pailletten auf ihren maßgeschneiderten Anzügen glitzern in der grellen Mittagshitze schwarz und gelb und lila, die Männer wedeln mit farblich passenden, gestreiften Schirmchen in der Luft, einige spielen Saxofon – ach, es ist alles so aufregend!

Ein älteres amerikanisches Pärchen mit Stoffhüten, knie-kurzen Hosen und zwei riesigen Fotokameras um den Hals drängt sich ganz angestrengt durch die Menge und kommt an der Absperrung zum Stehen. Dort streiten sie mit zwei Sicherheitsleuten darüber, wann sie die mittlerweile mit Hunderten Schaustellern und Tänzern und Musikanten gefüllte Straße passieren können.

Da bemerkt ein vorbeiziehender Narr mit einem clownesk geschminkten Gesicht die Amerikaner, trällert ihnen mit seiner Trillerpfeife zu, bewirft sie augenzwinkernd mit Konfetti, tritt dann ganz nah an sie heran und verzieht eine übertrieben schimpfende Mine, lacht dann und läuft zu seiner Truppe zurück. Begeistert zücken nun die Amerikaner ihre Kameras und beginnen wie verrückt Fotos zu schießen. »»»

134 Kaapse Klopse
Die große Freiheitsfete

Als der Sicherheitswächter das amerikanische Paar schnell durch die Menge über die Straße schleusen will, möchten die zwei doch lieber bleiben und der schrillen Parade zuschauen.

Und die dauert Stunden. Tausende Musikanten, Tänzer und Darsteller marschieren in einem synchronisierten Chaos über die Hauptstraße, machen Musik, werfen Hüte und Schirmchen in die Luft, führen kleine Sketche auf, singen Spottlieder und Radiohits. Alles ist knalligbunt und frohmütig und betont theatralisch. Jede der siebzig Truppen ist unterschiedlich, aber ebenso fantasievoll wie extravagant kostümiert.

Als die Amerikanerin eine begeistert klatschende Frau neben sich fragt, was denn heute, an einem 2. Januar, gefeiert wird, sagt diese:

»Das sind unsere *Kaapse Klopse, Darling! Kaapse Klopse!* Unser Karneval. Heute feiern wir uns und die Freiheit.«

Seit dem 18. Jahrhundert zieht immer am 2. Januar die bunteste, charmanteste und traditionsreichste südafrikanische Parade durch die Kapstädter Innenstadt: der *Cape Town Minstrel Carnival* oder auch **Kaapse Klopse** (*kaapse* heißt »Kapstädter« und *klopse* ist Afrikaans für »Truppe«). Der 2. Januar war zu Kolonialzeiten der einzige Tag im Jahr, an dem die Sklaven frei hatten. Mit einem Verkleidungs- und Musikfest feierten sie damals ihre Freiheit und haben diese Tradition bis heute beibehalten.

Biltong
Etwas zum Knabbern

Der gestählte, britische *Rare*-Steak-Liebhaber mag im südafrikanischen Supermarkt perplex zurückschrecken beim Anblick der verranzt aussehenden Fleischstreifen im Plastikkasten mit dem schimmelartigen Belag und der Form, die so aussieht, als habe ein Mensch das Tier per Hand erlegt und mit seinen Zähnen in ungleiche Stücke gerissen – der zierlichen Südafrikanerin neben ihm wird derweil das Wasser im Mund zusammenlaufen.

Und nicht nur ihr: Mehrere Einkäufer bleiben mit ihren Wägen andächtig vor dem Kasten stehen und packen viele dieser ungleich geformten Fleischstreifen und -stücke in eine Papiertüte. Noch bevor sie zur Supermarkttür heraus sind, holen sie ihre *Biltong*-Stangen aus den Einkaufskörben heraus und knabbern genüsslich daran.

Südafrikaner lieben *Biltong*, fast so sehr wie den *Braai* (»Grill«, siehe Seite 278). Manche Mütter lassen bereits ihre zahnenden Kleinkinder daran kauen. Außen hart, innen weich, sind die luftgetrockneten Fleischstreifen perfekt dazu geeignet.

Biltong schmeckt auch längst nicht so furchterregend, wie es für das unkundige Auge bei der ersten Begegnung aussieht. Ganz im Gegenteil: Es schmeckt nach salzigem, scharfem Fleisch, manchmal auch nach Koriander, Pfeffer, Essig, Chili und allerlei anderen Gewürzen. *Biltong* ist zudem sehr fettarm und gesünder als jede Tüte Chips. Fast jede Fleischsorte wird zu *Biltong* verarbeitet – Rind, Kudu, Strauß, Springbock, Eland, Zebra, Krokodil und sogar Hai.

Vor knapp 400 Jahren ist *Biltong* aus der Not entstanden. Als es noch keine Kühlschränke gab, war die einzige Möglichkeit, Fleisch zu konservieren, es in Essig, Salpeter und Gewürze einzulegen und zu trocknen. Seitdem lebt *Biltong* in Südafrika als Lieblingssnack weiter.

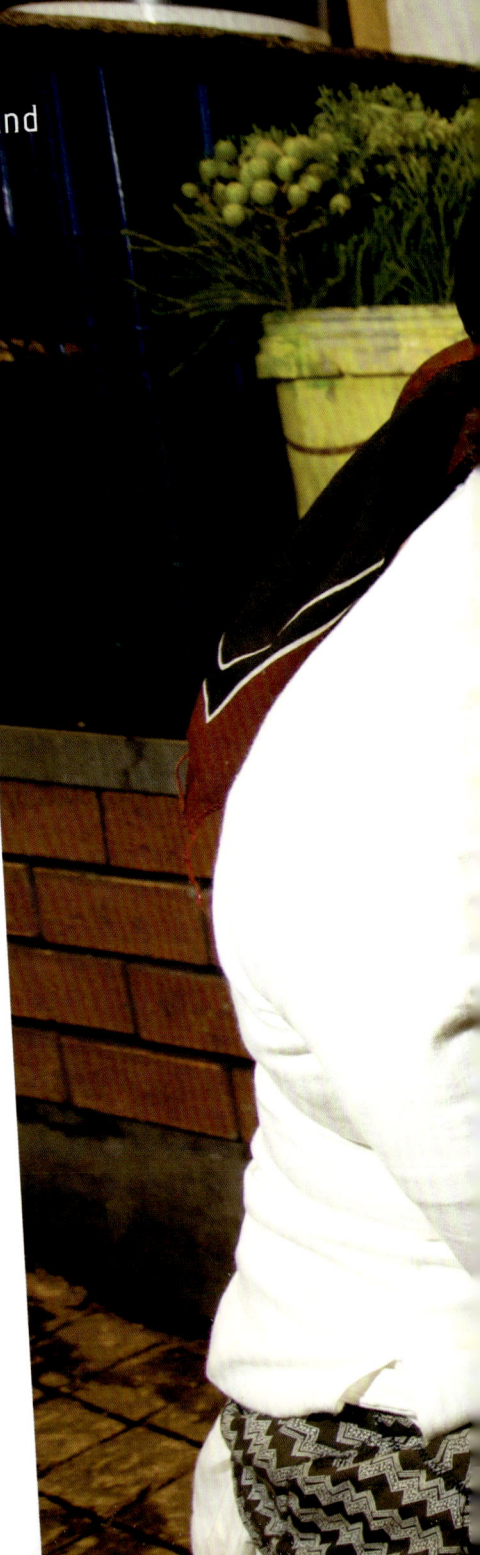

Protea
Die Schönste im ganzen Land

Der griechische Meeresgott Proteus war ein Meister der Verwandlung – er konnte die Gestalt des Wassers, des Feuers und der Tiere annehmen.

Die nach ihm benannte Pflanze *Protea*, steht ihm in Sachen Wandelbarkeit in nichts nach. Am Kap erblüht sie in den erstaunlichsten und außergewöhnlichsten Farben und Formen, 65 der weltweit 130 *Protea*-Arten wachsen hier.

Charakteristisch für die *Protea* ist die majestätische, kelchartige Form, die ihr die harten Hüllblätter an der Außenseite ihrer Blüte verleihen. Die Blütenblätter sind spektakulär gefärbt. Bei der »Königsprotea« zum Beispiel vertieft sich das leuchtende Gelb des unteren Blattes zu einem Rubinrot an der Spitze. Der Blütenkelch der *Protea* besteht aus hundert distelähnlichen Sammelblüten und spannt sich frühstückstellergroß.

Proteen wachsen buschförmig und sind immergrün. Auch die prächtigen, farbenfrohen Blüten gedeihen lange. Zudem ist die Pflanze feuerresistent. Sie verkapselt ihre Samen in hölzerne Fruchtstände, die sich teils erst nach der Einwirkung von Feuer öffnen.

Wie ihr Namensvater Proteus ist auch die *Protea* eine Königin. Sie schmückt das Nationalwappen, ist die »Nationalblume« von Südafrika und sogar die südafrikanische Kricketnationalmannschaft ist nach ihr benannt.

Zion Christian Church
Christlicher Ahnenglaube

© Maureen Sill

Vorne rezitiert der Prediger aus der Bibel. Rechts summt der Chor. Die Kirchentänzer warten daneben in beigen Hosen auf ihren Auftritt. Und die Propheten, die in ihren langen, grünen Gewändern die ersten beiden Zuschauerreihen belegen, wippen und warten auf Gotteseingebungen.

Kurz wird es in der Wellblechkirche des Dorfes fast still. Da empfängt ein Prophet seine erste Prophezeiung von Jesus. Er zuckt, grunzt und stürzt keuchend zu einer jungen Frau. Eindringlich starrt er in ihre Augen und klatscht dreimal in die Hände. Das ist das Zeichen – er hat eine Prophezeiung für sie!

Die junge Frau folgt dem Propheten in den Hof hinaus, kniet sich vor ihm hin, Hände auf den Boden, sie kennt das Ritual. Der Prophet gerät nun völlig in Rage, bewegt sich, als hätte er einen epileptischen Anfall, schlägt gegen seine Brust und stößt dabei wortstummelhaft Gottes Prophezeiung aus:

»Deine ganze Familie wird bei einem Autounfall sterben. Du hast starke Schmerzen im rechten Arm und im Bauch.« Die junge Frau ist entsetzt. Kleinlaut wendet sie ein, dass sie keine Schmerzen im Arm hat, aber der Prophet betont, dass sie sehr wohl im Arm und im Bauch krank ist und ihre Krankheit bald feststellen wird. Nun kritzelt er etwas auf einen Zettel: Babalwa soll zehn Tage lang beten und heiligen Tee trinken und gegen ihre Krankheit muss sie weitere fünf Tage heiligen Kaffee trinken, um den Tod der Familie zu verhindern. Heiliger Kaffee ist ein spezieller Kaffee aus dem Supermarkt, der hier in der Kirche geweiht und verkauft wird.

Noch vier weitere Propheten empfangen diesen Sonntag Nachrichten für Babalwa. Als alle Prophezeiungen, Gebete, Predigten und Kirchentänzen beendet sind, kauft sie, wie angewiesen, mehrere Packungen heiligen Tee und Kaffee. So hat sie schon viel Unheil verhindert.

Fast 80 Prozent aller Südafrikaner sind **Christen.** Afrikaaner gehören mehrheitlich der calvinistisch geprägten Niederländisch-reformierten Kirche an, Anglo-Südafrikaner dem katholischen und anglikanischen Glauben und schwarze Südafrikaner sogenannten »unabhängigen schwarzen Kirchen«. Es gibt mehrere Tausend davon, die *Zion Christian Church (ZCC)* ist die mitgliederstärkste. Allen ist gemein, dass sie afrikanische Glaubensrituale, wie den Ahnenkult, in die christliche Praxis integrieren.

Traditionelle afrikanische Rechtsprechung
Kuh um Auge, Kuh um Zahn

Mandisa ist schwanger – aber Mandisa ist nicht verheiratet. Zudem ist sie erst 16 Jahre alt.

Ihr Vater ist alles andere als erfreut, schließlich hat Mandisa noch keinen Schulabschluss, kein Einkommen und die Familie steht jetzt im Dorf auch noch in einem schlechten Licht da. Mandisas Vater hätte zuerst seine Zustimmung zu einer Hochzeit geben müssen, dann hätte *Lobola* (»Brautpreis«, siehe Seite 102) bezahlt werden müssen, dann geheiratet, und dann erst hätte ein Kind auf die Welt kommen dürfen. Also geht er mit der Familie von Mandisas Freund Uuka zum Dorfgericht, dem *inkundla kwasibonda*. Die Dorfältesten sollen entscheiden, wie diese verfahrene Situation gerecht gelöst werden kann.

Das Dorfgericht, geleitet vom Dorfältesten und zwei respektierten Männern der kleinen Gemeinde, hört sich Mandisas erbosten Vater geduldig an, ohne zu unterbrechen. Dieser macht sich Sorgen, wie er für das Kind aufkommen soll. Uukas Vater argumentiert wiederum, dass beide Jugendliche für die Situation verantwortlich sind. Am Ende des Tages spricht der Dorfälteste das Urteil: Uukas Vater soll Mandisas Vater als Entschädigung für die Rufverletzung und als Wiedergutmachung dafür, dass Mandisa so jung ist und ihre Schulbildung noch nicht abgeschlossen hat, zwei Kühe bezahlen.

Uukas Vater bleibt überlassen, beim Häuptlingsgericht, dem *inkundla yesizwe*, dem die Dörfer dieser Region unterstehen, Einspruch einzulegen oder das Urteil zu akzeptieren. Uukas Vater akzeptiert. Und auch Mandisas Vater ist zufrieden. Er ist nicht sehr vermögend und zwei Kühe – das ist eine gute Entschädigung für ihn.

© dna photographers

Neben dem westlich-orientierten Rechtssystem gilt in Südafrika das **Tribal Law** oder **Customary Law**, das afrikanische Gewohnheitsrecht, das sich hauptsächlich mit der Regelung zwischenmenschlicher Beziehungen in einer Dorfgemeinschaft befasst.

Airtime
Ich bin mobil, also bin ich

Peacemaker lebt in einem kleinen Dorf in Limpopo. Hier gibt es weder Cafés, noch Restaurants, noch Festnetztelefone, noch Zeitungsläden, noch Banken, noch Bankautomaten, noch Einwohner mit Bankkonten.

Es gibt auch keine großen Supermärkte, sondern nur einen kleinen *Tuck Shop*, und dessen Sortiment beschränkt sich auf das Überlebensnotwendige: Coca Cola, Chips, Zahnpasta, Seife und natürlich *Airtime* (»Mobilfunkguthaben«).

Mit ein wenig *Airtime* kann Peacemaker, wenn er etwas braucht, seinen Freund den Taxifahrer anrufen. Der bringt dann etwas vorbei oder fährt ihn zur nächstgrößten Stadt oder Tankstelle. Mit ein bisschen *Airtime* kann Peacemaker auf dem Laufenden bleiben. Da er sich besonders für Fußball interessiert, bekommt er einmal am Tag eine Info-SMS mit Fußballneuigkeiten. Dann kann Peacemaker mit *Airtime* sein Facebook-Konto checken (ja, Facebook hat sich auch hier herumgesprochen). E-Mails interessieren ihn dagegen nicht. Sein Handy, das ist sein Computer. Einen Computer hat hier natürlich keiner, das kann sich niemand leisten. Wohl aber ein kleines Mobilfunktelefon.

Wenn Peacemaker sich mit seinen Freunden aus den Nachbardörfern verständigen will, verschickt er billige »Mxit«-Datennachrichten an sie. »Mxit« ist das Kommunikationsmittel Nummer eins in Südafrika. Richtige SMS sind für Peacemaker, wie auch die meisten Südafrikaner, viel zu teuer. Selbst wenn er Geld an seine Schwester in Polokwane schicken will, dann macht er das mit *Airtime*: indem er *Airtime* über das mobile Programm »Flash Cow« verschickt – ganz ohne Bank und Bankkonto.

Das **mobile Telefon** hat Afrika verändert. Nur fünf Millionen von insgesamt 50 Millionen Südafrikanern besitzen oder haben Zugang zu einem Computer. Dagegen haben fast alle der 50 Millionen Zugang zu einem Mobiltelefon. Lange vor der Smartphone-Revolution in Europa haben Südafrikaner und auch Afrikaner anderer Länder vieles über ihr mobiles Telefon erledigt.

© Lino Steenkamp

140 Shoprite Checkers
Ein Hypermarkt

Shoprite Checkers sieht von außen zumeist etwas schmucklos aus, hat es dafür aber in sich. Gemüse einkaufen? Konzertkarten bestellen? Bustickets für Langstrecken?

Frische Brötchen holen? Arztrechnung begleichen? Einheiten für den Stromkasten aufladen? Lotto spielen? Mit Alkohol eindecken? Zigaretten? Wurst und Käse? Zeitschriften und Zeitungen? Datenpakete für mobiles Internet? Zahnseide? Kopfschmerztabletten? Schwangerschaftstest? Besen-Sets? Wasserkocher? Trockentücher? Hier gibt es alles! Meistens keine grandiose Auswahl, dafür ist aber jeder Lebensbereich abgedeckt.

Shoprite Checkers ist das südafrikanische Pendant zu Aldi plus (Ex-)Schlecker plus Mobilfunkladen plus Apotheke und Zeitschriftenladen. Da der Supermarkt nicht gerade durch Luxus, einladende Verpackungen und schöne Einrichtung besticht, wie etwa *Woolworths*, der südafrikanische Supermarkt der Wohlhabenden, kaufen hier eher Sparer, Studenten und Menschen mit weniger Einkommen ein.

Spaza Shop
Der Tante-Emmandisa-Laden

Wenn Anele abends von der Arbeit nach Hause kommt, muss sie meistens noch schnell einkaufen gehen: etwas Brot, etwas Rapsöl, frisches Gemüse oder Maismehl, je nachdem, was es abends zum Essen geben soll. In ihrem Township gibt es keine Supermärkte, dafür aber ein paar *Spaza Shops*, die alles Wichtige verkaufen.

Der nächstgelegene *Spaza Shop* gehört ihrem Nachbarn. Er betreibt ihn von einem kleinen Zimmer neben seiner Hütte aus. Bei ihm kann Anele Brot, Soft Drinks und kleine Packungen an Zucker, Mehl und haltbarer Milch kaufen. Da er nicht viel Platz hat, hat er auch nicht viel Auswahl. Außerdem ist er meistens recht teuer, daher geht Anele lieber zum größeren *Spaza Shop* einkaufen, der drei Blöcke weiter entfernt liegt. Den betreibt eine nette ältere Dame in einem Container. Durch ein großes, vergittertes Fenster sagt Anele der Besitzerin, was sie braucht. Die Besitzerin sucht dann im Container das passende Produkt für Anele heraus und reicht es ihr durch das Fenster. Das Brot ist immer frisch und auch ihr Gemüse. Dieser *Spaza Shop* ist sogar mit einem großen Kühlschrank ausgestattet, und es gibt hier auch Fleisch zu kaufen. Sieben Tage die Woche ist dieser *Spaza* geöffnet, immer bis spät abends.

Rund 100.000 *Spaza Shops*, auch *Tuck Shops* genannt, versorgen die südafrikanischen Townships, ländlichen Regionen und entlegensten Dörfer mit allem, was man zum Überleben braucht. Selbst im tiefsten Busch wird sich immer eine Familie finden, die einen kleinen *Spaza* von einer kleinen Rundhütte aus betreibt. Dabei ist einen *Spaza* zu betreiben gar nicht so ohne: Die Besitzer müssen selbst mit öffentlichen Verkehrsmitteln oder Taxis in größere Dörfer fahren, um dort Waren in Einzelhandelsgeschäften einzukaufen, die sie dann in ihrem Dorf oder Township weiterverkaufen.

Indie-Musik
South Africa rocks

Es ist Wochenende, die Sonne lacht, und das ganze Tal rund um den kleinen Bergfluss ist mit Bühnen und Zelten zugepflastert.

Die kommenden vier Tage treten hier 30 Bands auf, darunter Afrikaanse Hip-Hopper vom Land, die die »arroganten« Kapstadt-Hippies auf die Schippe nehmen, traditionell bekleidete *Xhosa*-Trommler aus der Ostkap-Provinz, Elektro-DJs, die während des Auflegens Klarinette, Saxofon und Cello spielen, multikulturelle »Afro-Pop«-Bands, die mit lebensbejahenden Texten gute Laune verbreiten, Hardcore-Rocker, die populäre Liebesschnulzen singen, Reggae-Bands, die die Ungerechtigkeit in Simbabwe und die schönen Strände von Mosambik besingen und ein durchgeknalltes Pärchen, das in einem trashigen Ghetto-Kostüm sogenannte »Ninja-Rave-Rape«-Songs mit unglaublich vulgärem Vokabular untermalt.

Die südafrikanische Indie-Szene ist das, was dabei herauskommt, wenn man elf Sprachen und Kulturen, ein bisschen Westen, ein bisschen prüden Calvinismus, ein bisschen Trommel, ein bisschen schwarzes Amerika, ein bisschen Britpop und viel Afrika in einen Topf steckt, 40 Jahre zuhält, dann den Deckel entfernt und anfängt zu rühren – die spannendsten Verflechtungen kommen dabei heraus. Jedes Jahr präsentiert sich Südafrikas Musikszene auf Dutzenden Musikfestivals in atemberaubenden Naturkulissen und definiert sich dabei jedes Mal neu.

Indie-Band *Mayo and The Budderfish*
© Louis Vorster

Mafia
Der alltägliche Film Noir

Yuri, der Russe, ist tot.

Kein Kapstädter, der Yuri, den Boss der Unterwelt, und seine brutalen Vergeltungsschläge nicht vom Hörensagen kannte. Dennoch konnte Yuri unbehelligt schalten und walten, bis ihm eine andere Gestalt aus dem Untergrund in einem legendären Kugelhagel auf offener Straße den Garaus machte.

Seit Yuri tot ist, führt Hussein der Marokkaner die Geschäfte. Er stellt sicher, dass sämtliche Kapstädter Partyviertel von Taschendieben sauber sind und – so erzählt man sich – kein Drogenhandel stattfindet, der nicht von ihm und seiner Truppe kontrolliert wird. Dafür kassiert er Schutzgeld und legt allen Nachtclub-Besitzern der Stadt nahe, seine Türsteher einzustellen. Einige Barbesitzer haben gegen den »privaten Sicherheitsdienst« nichts einzuwenden, weil die Polizei ihrer Meinung nach nicht hart genug durchgreift, andere fühlen sich drangsaliert, zumal sie wissen, was für böse Konsequenzen auf sie lauern, wenn sie an diesem »Sicherheitskonzept« nicht teilnehmen. Ganze Gebäude von Nichtzahlern sind schon dem Feuer anheimgefallen.

Was die südafrikanische Mafia auszeichnet ist, dass jeder, der ab und zu Zeitung liest oder mit einem x-beliebigen Barbesitzer spricht, die Namen der schillernden Drahtzieher kennt. Der eine Akteur macht ständig Schlagzeilen, weil er sonntagmorgens immer wieder mit 220 km/h »auf dem Weg zur Kirche« angehalten wird, der nächste betreibt die größte Stripclub-Kette des Landes und hat zufällig immer dann einen Bürobrand, wenn die Polizei die Arbeitspapiere der neuen ukrainischen Stripperinnen kontrollieren will, der nächste steht ständig vor Gericht, um sein »politisches Asyl« zu verlängern – in der Tschechischen Republik wird er wegen mehrerer Kriminalakte gesucht. Das Spiel zwischen den Hauptakteuren geht vor den halb entsetzten, halb amüsierten Augen aller weiter, bis es wieder knallt und einer tot ist. Dann schaltet sich kurz die Polizei ein und sucht den Mörder. »Erfolglos«.

Kricket
Ein Geduldssport

Zehn Spieler stehen über das riesige, ovale, grüne Feld verteilt. Aus der Ferne sehen sie wie kleine weiße Fliegen aus.

Das macht aber nichts, denn die Aufmerksamkeit des Publikums und auch aller Fernsehkameras gilt nicht ihnen, sondern dem kleinen rechteckigen Streifen in der Mitte des Feldes, der *Pitch*. Bei einem Kricketspiel spielt hier die Musik.

Auf der *Pitch* liefern sich ein *Batsman* (»Schlagmann«) und ein *Bowler* (»Ballwerfer«) ein Duell. Der *Bowler* ist Mitglied des Teams, das gerade das Feld belegt. Alle paar Minuten läuft der *Bowler* an und wirft den Ball in die Richtung des *Batsman*. Dieser schlägt den Ball gen Feld, und nun versuchen die zehn Feldspieler, den Ball schnell zu fangen und in die *Pitch* zurückzuwerfen. Dieses Prozedere wird, ohne besondere Eile, bis zu zwölf Mal wiederholt. Danach wird der *Batsman* ausgewechselt und ein anderer *Batsman* wiederholt das Duell mit dem *Bowler*. Elf *Batsmen* wechseln ein, alle Spieler der »schlagenden Mannschaft«.

Sobald die eine Mannschaft mit ihren elf *Batsmen* durch ist, werden die Seiten gewechselt und die zwei gegnerischen Mannschaften duellieren sich nun mit umgekehrtem Vorzeichen: Die Feldspieler sind jetzt *Batsmen*, und die *Bowler* stehen auf dem Feld.

Bis zu acht Stunden dauert das Spiel. Manche Kricketwettkämpfe, die sogenannten *Test Matches* (»Kräftetestspiele«) dauern sogar fünf Tage – dann spielt beispielsweise Indien fünf Tage lang in derselben Konstellation gegen Südafrika. Während dieser fünf Tage verbringen kricketliebende Südafrikaner ihre Mittagspausen in Bars mit großen Bildschirmen, sofern sie nicht gleich freinehmen und sich tagelang ins Stadion setzen. Nichtinteressierte vergehen dagegen vor Langeweile, weil tagelang alles auf Kricket geschaltet ist.

Kricket ist eine der komplexesten Mannschaftssportarten. Viele Südafrikanerinnen und Zugereiste verstehen die Regeln auch nach Jahren nicht. Dafür schätzen Kricketliebhaber an diesem Sport, dass sie auch nach Jahren neue Regeln und Nuancen des Spiels entdecken.

Shosholoza
Mut ansingen

Es klingt, als würde zweimal gegen eine Kesselwanne geschlagen, dann rollt die Dampflok los. In den vier Abteilen stehen zweihundert Arbeiter, dicht gedrängt, der Zug bringt sie weit weg, zu den Goldminen um Johannesburg.

Sie versuchen, aus den hohen Fenstern einen Blick auf die Landschaft zu erhaschen. Der Zug lässt die letzte Stadt diesseits der Berge hinter sich, schlängelt sich dann langsam um ein Bergmassiv, die Mittagssonne dringt durch die Fensterritzen in den Wagon. Mit der Sonne und der atemberaubenden Aussicht, verflüchtigt sich der Abschiedsschmerz.

Erfüllt vom Rollen und Pfeifen und Ächzen der Dampflok, fängt ein Mann auf einmal an, im Rhythmus der Dampflok *Shosholoza* zu singen: »Auf geht's, lasst uns mutig nach vorne schauen!« Ein anderer Arbeiter antwortet singend: »Wir packen das an!« Hin und her geht der Gesang im Chor, ein dritter Mann fällt ein: »Durch diese Berge.« Das ganze Abteil antwortet: »Auf geht's, Zug aus Südafrika.« Im Wechsel wird der Singsang motivierter, begeisterter, hallt von Waggon zu Waggon und erfüllt die Männer mit einem Gefühl von Hoffnung und Tatkraft:

Shosholoza	Beweg dich mutig nach vorn
Shosholoza	Beweg dich mutig weiter
Ku lezontaba	Durch diese Berge
Stimela siphum' eSouth Africa	Zug aus Südafrika
Wen' uyabaleka	Du schlängelst dich
Wen' uyabaleka	Du beschleunigst
Ku lezontaba	Durch diese Berge
Stimela siphum' eSouth Africa.	Zug aus Südafrika.

Früher sangen Bergarbeiter auf dem Weg zu den Minen *Shosholoza*. Heute ist es aufgrund seines lebensbejahenden Textes und Rhythmus ein populäres Volkslied, das vor Fußballspielen und anderen Sportwettkämpfen gesungen wird, um sich gegenseitig anzufeuern.

Menschenmenge singt bei der
WM-Eröffnung 2010 Shosholoza

Rugby
Raufende Gentlemen

1989: Die *Springboks*, das südafrikanische Rugbynationalteam, spielen gegen Neuseeland. In Sowetos *Shebeens* feuern deswegen alle die *All Blacks* aus Neuseeland an. Das südafrikanische Rugbyteam ist hier allen verhasst, denn Rugby, das ist der Volkssport der Afrikaaner, der Unterdrücker.

1995: Nelson Mandela ist gerade zum ersten schwarzen Präsidenten des Landes gewählt worden, das Land ist nach 50 Jahren Segregation tief gespalten. Die Rugbyweltmeisterschaft findet in Südafrika statt. Offen unterstützt der neue Präsident die *Springboks*, er trägt sogar ihr Trikot. Und innerhalb von vier Wochen passiert ein Wunder: Schwarze Südafrikaner unterstützen das weiße *Springbok*-Team und weiße Südafrikaner fassen Vertrauen in den neuen schwarzen Präsidenten. Am Ende gewinnt Südafrikas jahrelang isoliertes und ungeübtes Team wie durch ein Wunder die WM. Mit der Freude darüber rücken Weiß und Schwarz ein kleines bisschen näher aneinander.

2010: Einmal im Jahr finden die Super-15-Spiele statt, die *Champions League* des Rugby. Das Finale wird dieses Jahr ausgerechnet im Stadion von Soweto ausgetragen, dem größten schwarzen Township. Busweise kommen Afrikaaner aus Pretoria zum Spiel nach Soweto, um ihr Team, die *Blue Bulls*, anzufeuern. Die *Shebeens* sind einen Tag lang voller Buren, die traditionelles afrikanisches Bier trinken und zu ihrer Wurst mit den Händen *Pap* essen, den Maisbrei der schwarzen Küche. Ein erstaunter junger Einwohner aus Soweto sagt: »Ich glaube das Rugby wird heute afrikanisiert.«

Rugby ist mit Fußball und Kricket der populärste Sport in Südafrika. Bei einem Rugbyspiel versuchen zwei Mannschaften mit jeweils 15 Spielern den Ball in das gegnerische Malfeld zu tragen und dort abzulegen. Durch *Tacklings* – physische Zweikämpfe – versuchen sie sich gegenseitig dabei zu stoppen. Ein englisches Sprichwort lautet: »Fußball ist eine von Raufbolden gespielte Gentleman-Sportart, während Rugby eine von Gentlemen gespielte Raufbold-Sportart ist.«

Michael Poliza

ASHFAK MOHAMED

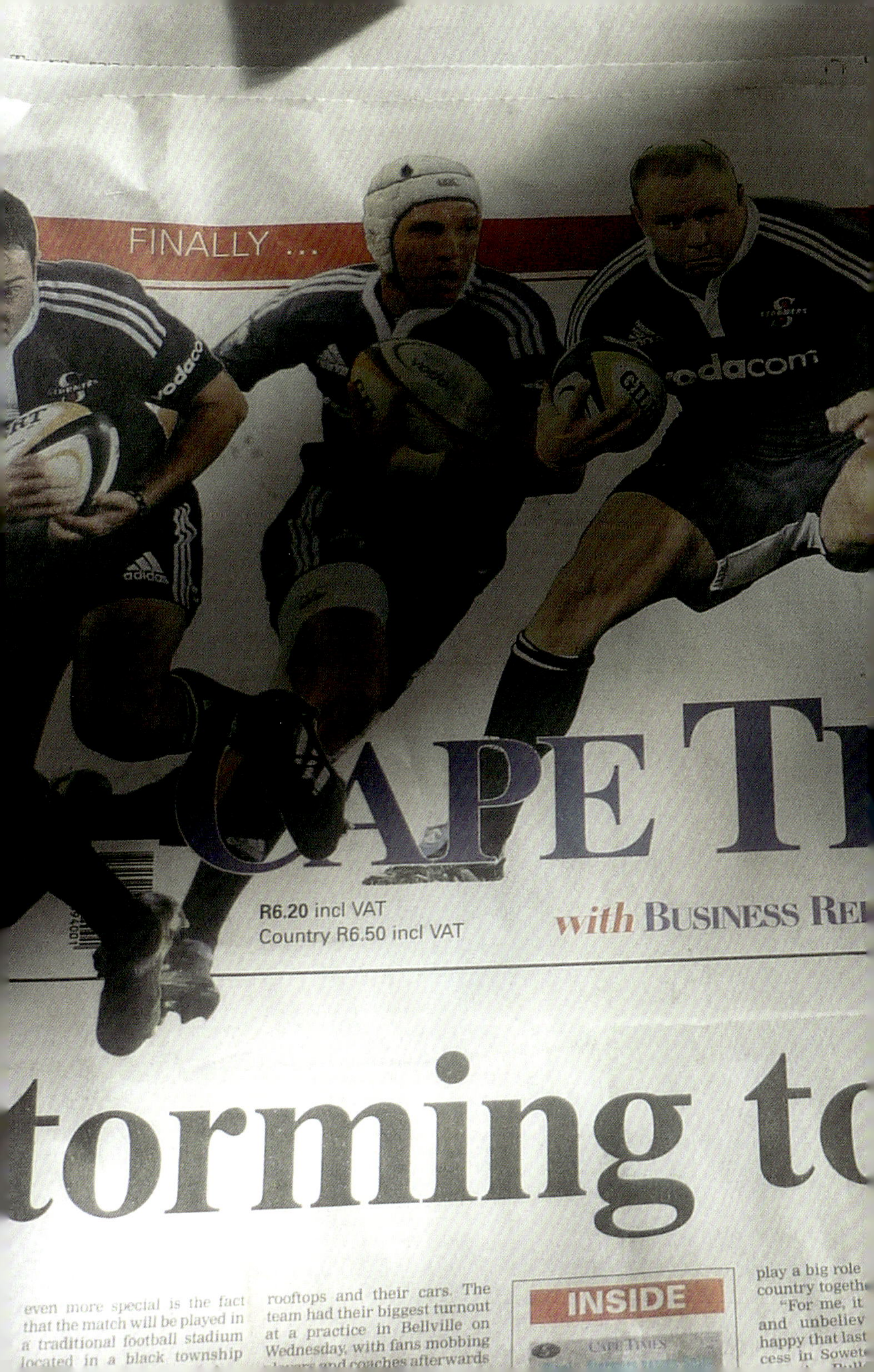

CAPE T

R6.20 incl VAT
Country R6.50 incl VAT

with **BUSINESS RE**

torming to

even more special is the fact
that the match will be played in
a traditional football stadium
located in a black township

rooftops and their cars. The
team had their biggest turnout
at a practice in Bellville on
Wednesday, with fans mobbing

play a big role
country togethe
"For me, it
and unbelie
happy that las
cess in Sowet

INSIDE

Game Park
Nicht zum Spaßen

Aus *Crocodile* von Norbert Herrmann:*
»Papiere bitte!« Abrupt bremse ich
meinen Lauf ab. Ich starre den
Polizisten an. Was zur Hölle macht
der hier, mitten in einem Wildpark?

»Ihre Papiere bitte«, wiederholt er, lächelnd aber bestimmt.

»Wie Sie sehen, jogge ich. Ich habe beim Joggen meine Papiere nicht dabei!«, sage ich. Bin ich zu schnell gelaufen? Nach zwei Jahren in Afrika bin ich auf alles vorbereitet ...

»Haben Sie das Schild vorne gesehen?« Er deutet mit einem Kugelschreiber in die Richtung, aus der ich gekommen bin. »Dieser Weg ist nur ›für 4x4s‹ zugelassen.« Ich erinnere mich an das Schild. Ich dachte, es hätte nichts mit mir tun. Kleinlaut sage ich: »Es tut mir leid. Ich laufe nur hier.«

Der Polizist schaut meine Beine an und sagt: »Sie laufen aber mit zwei Beinen.« Ich muss grinsen. Schon etwas absurd alles.

»Wir haben Gnus, Flusspferde und Impalas auf diesem Weg«, zählt er mir mit seinen Fingern vor. »Wildschweine, Kudus, sogar die Affen. Sie alle laufen auf diesem Weg.« Er wartet darauf, dass diese Information sich setzt. Offenbar will er auf etwas hinaus. »Dieser Weg ist nicht zum Spaß da.«

Ich will weiter, da sagt er plötzlich: »Krokodile.« Unsere Augen treffen sich.

»Sie stimmen mir zu, dass Krokodile sehr gefährliche Tiere sind?«

Artig nicke ich. »Wie viele Beine haben Krokodile?« Macht der Witze? »Vier«, sage ich. »Krokodile haben vier Beine. Genau.« Er strahlt. »Vier mal vier. Für diese Kreaturen ist dieser Weg bestimmt.«

> Ein **Game Park** (game: »Wild«) ist ein Nationalpark oder privater Wildschutzpark. Der bekannteste ist der Krüger-Nationalpark. Dort leben auf zwei Millionen Hektar 150 Tierarten, darunter auch die »*Big Five*« (siehe Seite 276).

---

* Ausschnitt aus: Norbert Herrmann, *Crocodile*, Mahala Magazine 3, Januar 2012, S. 43.
Norbert Herrmann ist freier Schriftsteller und war zwei Jahre lang als Entwicklungshelfer im südlichen Afrika unterwegs.

»Big Five«
Die fünf Gefährlichsten

Nicht die fünf größten Wildtiere, sondern die fünf, die am schwersten zu bezwingen sind, gehören zu den sogenannten »Big Five«: Elefant, Löwe, Nashorn, Leopard und Büffel.

Der Begriff stammt noch aus der Zeit der Großwildjäger. Die Jagd der gefährdeten Wildtiere ist mittlerweile nur noch unter strengen Auflagen möglich und die »Big Five« werden heute Gott sei Dank weitaus lieber beobachtet statt brutal getötet.

Elefant *(African Elephant)*

Afrikanische Elefanten haben großen Ohren, die witzigerweise die Form von Afrika haben. Mit einer Höhe von vier Metern und einem Durchschnittsgewicht von sieben Tonnen sind sie die größten Landsäugetiere der Welt.

Löwe *(Lion)*

Das Highlight jeder Safaritour sind die Löwen. Einst waren sie in Afrika, Asien und Europa beheimatet, heute leben sie nur noch in Afrika und sind vom Aussterben bedroht. Löwen sind sehr familiäre Tiere, sie leben und jagen im Rudel.

Büffel *(Cape Buffalo)*

Sogar Löwen respektieren die großen afrikanischen Büffel. Diese können sich gegen Löwen wehren und sie sogar töten. Dagegen braucht es mehrere Löwen, um einen Büffel zu töten. Büffel zählen mit den Nilpferden zu den gefährlichsten Tieren Afrikas. Männliche Anführer von Büffelherden nennt man »The Boss«.

Leopard *(Leopard)*

Am liebsten verbergen sich Leoparden in Baumkronen, von wo aus sie in Ruhe ihre Beutetiere beobachten und zuschlagen, wenn die Stunde gekommen ist. Leoparden sind zielsichere Jäger; sie haben ein scharfes Gehör, eine feine Nase, 3-D-Sehschärfe und eine hervorragende Nachtsicht. Im Gegensatz zu Löwen sind Leoparden Einzelgänger.

Nashorn *(Black Rhinoceros)*
Zwei Arten von *Rhinos* leben in Südafrika: das Breitmaulnashorn *(White Rhino)* und das Spitzmaulnashorn *(Black Rhino)*. Während das Breitmaulnashorn – nach dem Elefanten immerhin das größte Landsäugetier – friedlich und gesellig in großen Gruppen zusammenlebt, lebt das Spitzmaulnashorn allein, ist kleiner und ist deutlich aggressiver – und gehört daher auch zu den »Big Five«.

Braai
Sitten und Unsitten rund um den Grill

Im Campingpark von Kommetje stehen Anton, Pieter und Ronaldo andächtig um den *Braai*, nippen an ihrem Bier und heben trotz der Wahnsinnsaussicht auf den Ozean die Augen nicht vom Grill.

»So!«, ruft Anton auf einmal bedeutungsschwanger in die Runde, »die *Boerewors* können wir jetzt wenden« – woraufhin er die gemeinte Wurst vorsichtig anstupst und mit einer eleganten Drehbewegung auf ihren schmalen Rücken dreht. Anton bekleidet die ehrenvolle Aufgabe des *Braai Master* (»Grillmeister«). Die Jungs nicken anerkennend: Ein unerfahrener *Braai Master* hätte das zarte Ding jetzt entweder eingedellt oder so schnell gewendet, dass es sofort wieder auf die alte Position zurückgerollt wäre.

> Der *Braai* (»Grill«), ist Südafrikanern a) heilig und b) das liebste Hobby. Es gibt hierfür eine dezidierte *Braai*-Etikette und sogar einen »Nationalen *Braai*-Feiertag« (jedes Jahr am 24. September).

Nun kommt der Einsatz von Pieter, »Anordner« und Nummer zwei in der *Braai*-Hierarchie. Er nimmt die neuen Würste aus der Verpackung und ordnet sie mit einer bestimmten Technik auf dem Grillrost an: nicht zu nah aneinander, nicht zu weit auseinander, wie Liebhaber schön ineinander gerollt, abwechselnd dicke, dünne, fade und scharfe.

Als »Gabelstecher« steht Ronaldo zwar in der Hierarchie unter den anderen beiden Jungs, erfüllt aber seine Aufgabe nicht weniger geflissentlich: Wie wild sticht er mit seiner Gabel die Würste ein, um kleine Einsenkungen zu hinterlassen, wodurch die Würste bis zur Perfektion grillen können.

»Um Gottes willen!!! Ihr macht ja die armen Würste völlig kaputt!«, platzt auf einmal Ronny, der laute, australische Gast der *Braaier*, in die perfekt eingespielte Runde und wiegelt die Gemüter völlig auf: Ein *Aussie*, der mit seinen exotischen Vorstellungen infrage stellt, was sich südafrikanische Männer über Jahrhunderte passionierten *Braaier*-Daseins an Wissen über die Kunst des *Braai* angeeignet haben?

Ungeheuerlich.

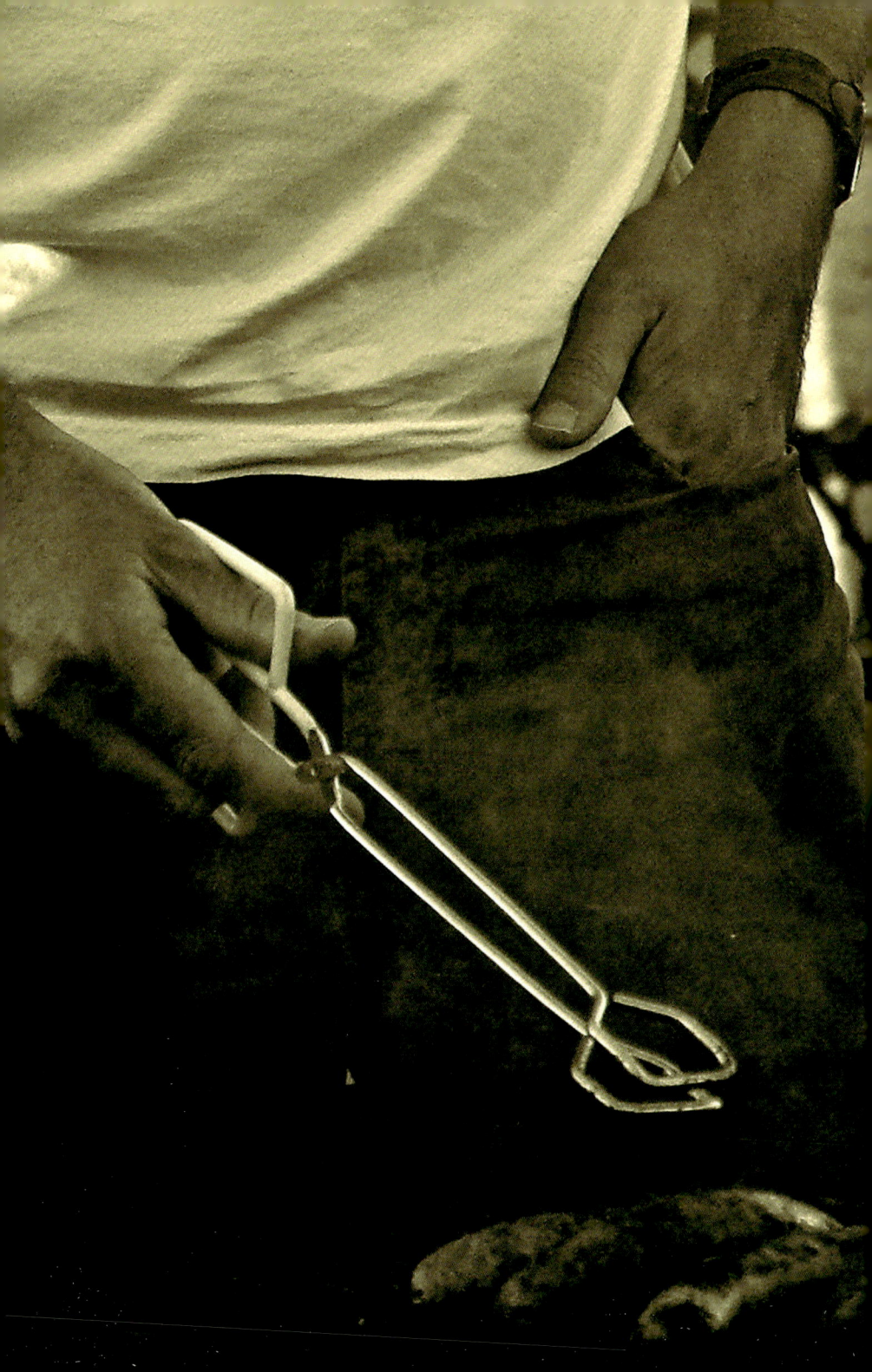

Die Kraft des menschlichen Geistes
Aus einer schlechten Situation das Beste machen

Das Auffälligste und Bemerkenswerteste an Gegenden wie den *Cape Flats* oder anderen südafrikanischen Townships sind nicht die Probleme und das Elend, die den Alltag prägen, sondern die Menschen, die hier leben und denen es immer wieder aufs Neue gelingt, die tristesten Ecken in warme, einladende und menschliche Orte zu verwandeln. Ja, das Leben ist hart, aber das Leben geht weiter.

Kinder lassen sich von Gangsterschießereien an ihren Schulen nicht vom Lernen abbringen, Mütter verlieren nicht den Mut, wenn sie sich für einen Hungerlohn sechs Tage die Woche in den Häusern der Reichen abrackern, selbstständige Väter nicht, wenn ihnen die Behörden unnötige Steine in den Weg legen. Die meisten bewahren ihre Liebe zum Leben, ihre Träume und ihren Humor und leben jeden Tag, als wäre es der letzte – vielleicht auch deswegen, weil sie ständig daran erinnert werden.

Hier in den Armenvierteln wird aus Müll Kunst geschaffen, werden aus leeren Dosen farbige Collagen gemacht, aus Draht und Bierdeckeln Handtaschen, aus Plastikflaschen schön bemalte Schmuckschalen. Um zu überleben, häkeln und stricken Menschen Schals und Käppis und verkaufen sie, sie flechten die Haare ihrer Nachbarn, holen günstig Obst von Farmen und verkaufen es am Straßenrand gegen ein paar Rand mehr oder backen Muffins und gehen von Tür zu Tür, um diese zu verkaufen.

Auf den ersten Blick könnte man geneigt sein zu sagen, Gott habe die arme Mehrheit von Südafrika, die jeden Tag gegen so viel Ungerechtigkeit und Härte ankommen muss und der nichts, aber auch wirklich nichts geschenkt wird, vergessen. Auf den zweiten Blick sieht man aber angesichts der Kraft und der Unbesiegbarkeit ihres menschlichen Geistes, dass er nirgendwo im schönen Südafrika präsenter ist als hier in den Elendsvierteln, bei ihnen.

Galgenhumor
Always look on the bright side of life

© Wesley Nitschkie

Unter dem Gewicht der beiden kräftigen Schwestern und fünf Dutzend frischen *Snoek* (»Hechtmakrelen«) kracht der alte, graue Mazda von Nasreen und Yasemin mitten auf der Hauptstraße von *Elsies River* zusammen.

Johnson, der schlanke Bruder der beiden, versucht den Wagen wieder ans Laufen zu bringen. Er dreht und dreht am Zündschlüssel, schiebt den Wagen mit seinen 55 Kilogramm ein paar Millimeter an ... Vergeblich! Die Zündung springt einfach nicht an. Und das mitten im Gangsterrevier.

»Was soll's?«, sagt Nasreen. »Dann bleiben wir eben hier und essen die ganze Woche *Snoek*.«

Jeden Sonntag holen die Schwestern den Fisch vom Hafen in *Kalk Bay*, bewahren ihn in Kühlschränken in ihren Schlafzimmern auf und verkaufen ihn von dort an die kleinen *Spaza Shops* des Ortes weiter.

»Und die ganze Nachbarschaft isst auch mit uns *Snoek*«, korrigiert sie Yasemin angesichts des Fischberges, der in der Hitze zu verderben droht. Das ganze – und einzige – Einkommen der Woche ...

»Aber der dicke Polizeichef von *Elsies*, der kriegt nichts!«

»Haha! Ja, der kriegt nichts von uns. Der passt doch jetzt schon nicht mehr in seine Uniform.«

»Und Candice kriegt auch keinen *Snoek*. Die alte Kanaille hat uns vor drei Jahren auch nicht zum Leichenschmaus ihres Bruders eingeladen.«

»Stimmt! Ellie kriegt dann aber auch keinen. Ihr Sohn ist auf TIK und verschachert uns noch den guten Fisch gegen das Teufelszeug.«

Während Nasreen und Yasemin weiter darüber sinnieren, wer alles keinen *Snoek* bekommt, sucht Johnson nach Hilfe.

»Johnson, wenn du den Wagen hier nicht loskriegst, musst du den ganzen Scheiß-*Snoek* noch alleine essen«, rufen sie ihm zu.

»Und dann trennt sich noch deine Kleine von dir, die steht nämlich nicht auf Fette ...«

Nasreen und Yasemin prusten laut los und genau in dem Moment versetzen die drei jungen Männer dem Wagen einen kräftigen Ruck von hinten ... zwei, drei, vier, fünf ... – und das kleine Wunder passiert: Der durchhängende Mazda springt auf einmal wieder an und tuckert langsam von dannen.

© Desmond Louw

Fotografinnen und Fotografen

dna-photographers. dna, das steht für Desmond 'n' Antonia, wie Rock 'n' Roll. Hinter dem Fotografen-Duo und Ehepaar stehen der Südafrikaner Desmond Louw und die deutsche Radio- und Onlinejournalistin Antonia Heil. Die beiden leben in Kapstadt, reisen aber überall dorthin in die Welt, wo die Fotografie sie hinführt. Sie fotografieren hauptsächlich Hochzeiten, Portraits, Autos, Mode und redaktionelle Strecken, aber auch alles andere, was sich ergibt. Ihr Kennzeichen ist ihr journalistischer, authentisch-alternativer Stil – und ihre große Liebe für die Fotografie: www.dnaphotographers.com

Simone Bazley trägt in sich die einzigartige, stimulierende Energie ihrer Heimatstadt Johannesburg, den Sonnenschein der wunderschönen, südafrikanischen Wild Coast und natürlich die Neugier und den Pioniergeist ihrer norwegischen Vorfahren, die sich hier vor ein paar Jahrhunderten niedergelassen haben. In ihren Bildern reflektiert sie, was Südafrika so besonders macht. Nach mehreren Arbeitsjahren in unterschiedlichen Johannesburger Werbeagenturen hat sie sich 2010 mit „The Popshoppe" als Fotografin, Web- und Grafikdesignerin selbstständig gemacht: www.thepopshoppe.co.za

Lino Steenkamp, in Namibia geboren und nun in Kapstadt lebend, arbeitet als IT-Berater. Die Fotografie sieht er als seine Ausstiegsluke. Seine große Leidenschaft für die Fotografie begann bereits vor 35 Jahren. Damals entdeckte er, dass ein Foto viel mehr sein kann, als nur ein schönes Abbild – dass es eine ganze Geschichte erzählen kann. Sein Vater kaufte ihm damals seine erste SLR Kamera zu Weihnachten und seitdem fotografiert er Menschen und wie sie miteinander interagieren. Am liebsten schießt er Portraits – denn so viele Portraits man auch macht, so ist doch jedes einzigartig und erzählt eine andere Geschichte über sein Subjekt: www.lino.co.za

Louis Vorster ist professioneller Portraitfotograf. Er hat in Johannesburg und Kapstadt Industriedesign studiert und das Fach später an der Cape Peninsula University of Technology und der Vaal University of Technology auch gelehrt. Über die visuelle Kommunikation hat er die Fotografie entdeckt. Seit vielen Jahren arbeitet er als Fotograf für namhafte internationale Kunden und Zeitschriften, insbesondere im Bereich der redaktionellen Fotografie und der Dokumentar-, Musik- und Stockfotografie. Louis Vorster lebt im kleinen, malerischen Ort Tulbagh in der Nähe von Kapstadt: www.louisvorster.co.za

Clare Louise Thomas lebt in Kapstadt, aber ihre Fotografie trägt sie in alle Ecken der Welt hinaus. Sie arbeitet als Dokumentar- und Reisefotografin für südafrikanische und internationale Publikationen, mit einem starken Fokus auf Portraits. Clare tauscht sich mit Menschen aus allen Gesellschaftsschichten aus und glaubt fest daran, dass alle ein Recht auf ein gutes Leben haben. Um ihren Beitrag zu leisten, dieses Ideal Realität werden zu lassen, arbeitet sie mit mehreren NGOs zusammen und organisiert auch eigene soziale Projekte: www.imageincubator.com

Danksagungen

Ich bedanke mich sehr herzlich bei allen Fotografinnen und Fotografen, die ihre Bilder zur Verfügung gestellt haben, insbesondere bei **Antonia Heil, Desmond Louw, Simone Bazley, Lino Steenkamp, Louis Vorster** und **Clare Louise Thomas**.

Ein besonderer Dank geht auch an **Marion Menckhoff** für die berührenden Fotos, die im Rahmen ihrer Arbeit mit Waisenkindern im Johannesburger Township Lanseria entstanden sind, an **Piotr Plecke** für die wunderbaren Bilder, die er während seiner Durban-Reise geschossen hat und an **Anne Bloom** (www.theopenmind.org), für ihre außergewöhnlichen, intimen Fotos von Xhosa-Initiationsschülern.

Auch den folgenden Fotografen möchte ich sehr herzlich danken:

K. Limakatso Kendall
Jauretsi (www.sugarbarons.com)
Brian Long (www.brianlong.info)
Herby Hönigsperger
Zena Kitykat Martin
Wesley Nitschkie (www.nitsckiephotography.co.za)
Dr. Gavin Moodley
Maureen Sill
John Bassi
Phillipa Malenoir
Samantha Marx (www.atsmath.com)
Nancy Pena (www.lamariposagallery.com)
Katrin Andres
Igmar Grewar
Steve Evans
Jay del Corro (www.theaimlesscook.com)
Tracey Hunter
Chee Hong
Angela Huxham
Paul Keller
Jon Mountjoy
Steve Baty

Ein besonderer Dank geht an alle im Buch zitierten südafrikanischen Künstlerinnen und Künstler, Autorinnen und Autoren:

Marieke Prinsloo (www.mariekeprinsloo.com)
Trevor Noah (www.trevornoah.com)
Natalia Molebatsi (www.nataliamolebatsi.co.za)
Fred Khumalo
Montle Moroosi
Norbert Herrmann (www.tuneplaces.com/johannesburg)
Kea' Modimoeng (www.keamodimoeng.co.za)
Fisani Nyandeni
John Bassi

wie auch **Jabulile Bongiwe Ngewanya, Alois Rwiyegura, Malika Lueen Ndlovu, Makgano Mamabolo** und **Ian MacDonald.**

Elena Beis unterhaltsamer Kulturführer quer durch die Regenbogennation

Silvie war noch nie in Südafrika. Silvie weiß aber ganz genau, was sie dort erwartet. Denkt sie zumindest, bis sie mit ihrem gefahrensituationserkennungsresistenten Freund in Kapstadt steht, und die zwei dort völlig DURCH/AN/EINANDER geraten.

Simons und Silvies Trip führt von Kapstadt über die Afrikaanse Karoo, an den traditionellen Lehmhüttendörfern der Transkei und dem Powerhouse Johannesburg vorbei. Während dieser abenteuerlichen zwei Wochen kommen die beiden mit dem Geknäuel südafrikanischer Kulturen, Sitten, Etiketten und Vokabeln völlig durcheinander.

»Unterhaltsam wie ein Roman liest sich der ›Fettnäpfchenführer Südafrika‹. Ein Muss für Rucksacktouristen und furchtlose Abenteurer.« (Stuttgarter Zeitung)

»Es gibt nur eins: das Buch lesen. Vergnüglich geschrieben, vermittelt es viel nützliches Know-How. Damit der Südafrika-Aufenthalt mehr als nur ein oberflächliches Erlebnis wird.« (Basler Zeitung, Frank Räther)

»Dieser Reiseführer ist ein absolutes Muss und eine Superlektüre bei der Reisevorbereitung – und auch während der Reise!« (Gisela Piercey, africantwisttravel.com)

Elena Beis
Fettnäpfchenführer Südafrika
ISBN 978-3-934918-42-9

In der Länderdokumentationsreihe 151 außerdem erschienen

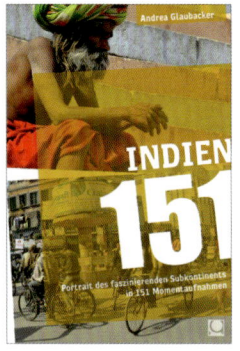

»Aus aktuellen Meldungen, Hintergrundinformationen und eigenen Erlebnissen formt die Autorin ein Bild von Indien, wie es treffender nicht sein könnte. Ihre persönlichen Eindrücke und ihr Blick hinter die Kulissen bereichern die fundierten Recherchen der studierten Kulturwissenschaftlerin. Für Liebhaber Indiens und diejenigen, die das noch werden wollen.« (Traudl Kupfer, Indien Aktuell)

»Dieses Buch wirft 151 Streiflichter auf die spanische Gesellschaft, ihre Macken und Merkwürdigkeiten, ihre Traditionen und kulturellen Eigenheiten. Lisa Graf-Riemann hat ihren neugierigen, aber zärtlichen Blick auf Realitäten gerichtet, die im Privaten, im Alltäglichen auszumachen sind. Beim Lesen fühlt man sich wie ein Kind, das alles zum ersten Mal sieht.« (Carlos Ortega, Instituto Cervantes in Bremen)

Andrea Glaubacker
Indien 151
ISBN 978-3-943176-02-5

Lisa Graf-Riemann
Spanien 151
ISBN 978-3-943176-12-4

CONBOOK VERLAG
www.conbook-verlag.de